わらじで舞踏会

私がビジネスマンから大学教授へ転身できた理由《わけ》

中橋文夫
公立鳥取環境大学教授

水曜社

はじめに

鳥取に縁のない私が、なぜ公立鳥取環境大学の教授になれたのか？　運もあったが、今振り返れば、鳥取と私は赤い糸で結ばれていたのではないかと思うようになった。そのプロセスを「わらじで舞踏会」と表現した。一介の造園コンサルタントが間違って学の世界に迷い込み、わらじを履いた小僧が学の舞踏会で乱舞する様子を書いた。大学教授挑戦の実践録とその後の生活録でもある。

大学教授の公募試験をみると、有名大学では競争率１００倍を超える狭き門だが、私は2度目のチャンスでモノにした。しかも職業高校、勤労学生、社会人大学院、造園コンサルタント出身の叩き上げだ。

コンサルタント時代の仕事は赤字の連続、大学院ではお引取り寸前の博士論文、公募面接試験ではひと芝居、教授の仕事は野生感覚で取り組む日々ながら、実はそのプロセスに、教授になれた秘訣が隠されていた。

挑戦のきっかけは、業界のパーティだった。鳥取環境大学が造園コンサルタントの経験を持つ実務家教員募集をかける、という情報をもらったのだ。生涯1度のチャンスと思い、挑戦したところ採用された。五十路半ばで大学教授になる夢が実現したことを素直に喜んだ。だが今でも、なぜ私が選ばれたのか、自身でもよくわからないのが正直なところである。

私が大学教授を夢見たきっかけは、社会人大学院で学んだことであった。社会人大学院は昼夜開講で、指導教員には24時間態勢で指導していただいた。そこでの多くの人たちとの出会いが、未知の世界を教えてくれた。

終身雇用の時代にピリオドが打たれ、競争の時代を迎えた今日、社会人においてもスキルアップの方法が多様化してきた。それは人生の選択肢が増えてきたことを意味する。人間が生きていくには天与の恩恵に加えて、自らの力で運命を切り拓いていく時代が到来したのである。

大学も少子化の時代を迎え、学生確保が大学経営の大きな課題となり、対策として実務家教員が注目された。タイムリーに文部科学省の大学設置基準が改められ、実務に優れた技術者、芸術家などに門戸が開かれたのである。

本書は一介のビジネスマンが大学教授に転身するまでに何をやってきたのか、公募試験をクリアするスキルはどのようにして育まれたのか、そして、大学教授の実務と鳥取での生活はどのようなものか、私の経験談が、これから大学教授を目指す人に、少しでもお役に立てば幸いである。

それでは記憶を振り返ってみよう。

目次

―1章―　わずかなチャンスをモノにした

大学教授になった瞬間

平成20年11月16日、私は鳥取環境大学教員公募の面接試験を終え、鳥取から大阪に向かう夜行バスのなかで携帯電話を聞いた。「面接試験の結果、内定が決まったことをお伝えします」という大学からの電話であった。その時を境に私は大学教授というポストに駆け上がったのである。55歳の時、人生の春が突然、遅れてやってきた。その時の記憶を思い出してみる。

私は当時、造園コンサルタント会社の一スタッフだった。鳥取環境大学の教員公募の面接試験前日もワークショップをこなし終えると、何食わぬ顔をして会社のスタッフと別れ、その足で大阪難波発、鳥取行きの夜行バスに飛び乗ったのである。それまではすべて水面下の行動で、一次試験合格を知っている人は家族と恩師の先生方数名のみ。正に隠密行動とはこのことをいう。翌日、試験場で誰かに会うのではないかと内心ビクビクしていたが、それもなかった。大学がうまく時間をセットしてくれたのであろう。

面接間際になって急に不安感に襲われ逃げ出したくなり、思わず大学院時代の恩師の片寄俊秀先生に電話を入れると「ダメ元でやってみー」と、喝を入れられた。そうかと開き直り、面接試験に挑み、帰りのバスで朗報を聞いたのである。選考結果が出るのは早くても一週間はかかるだろうと思い、車中でビールを飲み、うたた寝をしていたが、携帯電話で飛び起きた。電話口で「中橋先生」と言われた。一瞬夢ではと思ったが、すぐに現実であることを知った。思わず、小さく「やった」とガッツポーズをとった。夢が一夜で成ったのである。

早く家族に知らせねばと思うが、なんと大阪が遠いことか。2時間後到着し急いで電話をすると、娘の「パパやったね」の声に思わず涙がぽろり、片寄先生は「そやろ、俺は通ると思っていた」と、面接試験前のお言葉と真逆であったが、これは片寄先生お得意の私を鼓舞させるお芝居だったのである。

それまでの私は、一介の造園分野の建設コンサルタントに過ぎなかった。私が大学教授を目指すようになったのは社会人向けの大学院がきっかけである。私はその時から常に「やりたい時が青春」という気持ちで生きてきた。

平成11年に文部科学省が大学院入学資格を緩和したことや、少子化により院生の確保が難しくなった大学が大学院の門戸を社会人に開放したことで、大学院の就学年齢が多様化した。一時は学問に飢えた中年、実年が群がっていたが、その勢いは今では落ち着いてきている。

私が学んだ当時の院生は、半分が社会人で残り半分が学部から上がってきた若者たちである。社会人大学院の普及により、サラリーマン人生の残り火に夢をかける中高年は少なくなかった。「学《まな》ビスト」は年齢を問わないというよい実例であろう。

私は49歳から関西学院大学大学院総合政策研究科の博士前期課程・後期課程に5年間在籍し、造園コンサルタント、大学院生という二つのわらじを履くことになった（実は私には空手道家というもう一つのわらじもあり、空手道修行を通して得たものは山のようにあるのだが、それはおいおい語ることにする）。

大学院はジャーナリスト、教員、官僚、銀行員などが集い、さながら異種交流のサロンのようなものであった。社会人の院生は嗅覚鋭いハンターそのもので、いかにして知識を自分のものにするか、常に真剣勝負であった。会社や業界だけでは学べない領域を知り、出会うことのできない学術分野の人たちと知り合えた。学部からの若い院生らとの交流は実に新鮮であり、社会人大学院という世界が私に与えた影響は計り知れない。他分野の知見を吸収して研究に打ち込むほど、仕事での新しいひらめきや、コンサルタント業務の方向性が見えてきた。

大学教授応募のきっかけ

私は四十路に入ると造園界の役員やお世話係にとどまらず、空手道界では大学、高校空手道部の監督、コーチに就任し、業界、地域活動を楽しんだ。

多くの人たちと交流すると、なかには達人クラスの人がいらっしゃりこれが面白かった。一見無駄な奉仕活動のように見えるが、さまざまな知恵を授けていただいた。こういうことが重なり、何事も人と交流することにより上達すると思い込んでいた。平日はアフターファイブ、週末は地域コミュニティが活動時間帯でありフィールドでもあった。それが知らぬ間に人の輪を広め、知見を授けていただいたのである。

ボランティアが多かったが、恐らく私が大学教授になれたのは、これら組織・団体の皆様方の後押しがあったからこそと確信している。そのなかの一つに、造園界の団体、㈳道路緑化保全協会があった。高速道路のインターチェンジやサービスエリア内の緑化の調査研究を専業としていた。

私が勤務するコンサルタント会社がたまたま道路造園設計を手懸けていたことから、また、その分野をやる技術者が少なく、私自身が興味を持っていたのが幸いしたのか、奇遇にも協会近畿支部の幹事が回ってきた。これが端緒で大学教授への不思議な赤い糸が絡み始めたのである。

ある日、道路緑化保全協会東京本部の事務局長からお電話をいただき「若い研究者の表彰制度を創設した。関西でよい人はいないか」と推薦を頼まれた。そこで私は新進気鋭の研究者を推薦した。研究内容は植生に関する研究だ。その自然再生に関わる研究はアジアの事例研究まで踏み込んだもので、道路が里山部を通過し自然を破壊することから道路緑化推進の公益法人にふさわしい研究と考えたのである。そして厳しい選考レースの結果、その研究が受賞に至ったのである。

話はこれで終りと思い、私はいつもの仕事に戻った。しばらくしてから再びその公益法人の会合で、思いがけない情報を知らされたのである。「鳥取環境大学の実務家教員公募」の知らせだった。今度は私にチャンスが巡ってきたのだ。業界のある人が情報をくれたのである。私は思わず、これは「鶴の恩返し」であると確信した。この時こそ人の優しさ、温かさを改めて知らされた。

今回の情報提供がきっかけとなり、私の大学教授への挑戦が始まったのである。学術的なことを教えながらも、実務の仕組みを学生に伝えることが重要と理解した。そこで、大学教授の仕事とはどのようなものか、実務家が大学教授に転身された方はどなたか、関連書籍を読み漁った。関西学院大学大学院総合政策研究科客員教授の藤田太寅先生は元ＮＨＫ解説委員として特別番組のメインキャスターを張られ、また「くらしと経済」などのレギュラー番組も持たれ、経済記者として名が通っていた。

山梨県立大学特任教授の山本武信先生は共同通信社の記者として活躍され、ソビエト連邦共産党最後の書記長であるゴルバチョフと単独インタビューをされた強者で、その著書数の多さに驚く。いずれもそれぞれの世界で体験されてきた経験を活かされ授業をつくられており、内容が新鮮だった。そこには仕事の臨場感が漂よっていた。

事実私は、藤田太寅先生の講義でNHKの人気番組「プロジェクトX」の脚本から制作までのお話を聞き、その迫力に思わず引き込まれた。藤田先生の研究室にお邪魔すると、新聞記事のスクラップ、経済誌がデスクに山のように積まれ、先生はその谷間で原稿を書かれていた。その光景にジャーナリストの迫力を感じた。学生の意見を引き出す技は巧みで、「ヤアー」と声をかけ、笑みを浮かべながら優しくわかりやすく話しかける姿に感銘した。孫のような学生にこうも丁寧にお話しされるのかと、アナウンサーの神技を見た。

このようなジャーナリスト、マスコミ、官僚の世界はいわば日の当たる世界で社会的にも知られている。しかしながら、私がポジションを占める造園界は建築・土木施設を緑でくっつける接着剤みたいな職業ゆえに、隙間産業とも揶揄された。

その世界は造園施工会社、植木生産会社、遊具メーカー、そして造園コンサルタントなどから成り立ち、小規模企業の集まりだったがそこには技を教えあう家族的な雰囲気があった。それが実務の技を育むよきフィールドになったのだろう。

つまり大学教授になる社会のフィールドは、企業の規模や社会的に受けのよい職業、高学歴者ばかりとは限らないのである。ただ残念なことは、昨今の事業仕分で、多くの緑化事業に貢献した㈳道路緑化保全協会が解散に追いやられたことだ。キャリア官僚の天下り先ということで切られたが、若手技術者が研鑽を積む場がなくなったことも事実だ。

渡り鳥官僚のような、露骨な天下り人事はいけないが、50歳前後で肩たたきにあうキャリア官僚の行き先として、公益法人はよき受け皿となり、そこでの調査・研究・教育は貴重なものであり社会貢献度は大きい。なにごともほどほどにすべきである。

マイナスからのスタート

少し時間を巻き戻してみよう。高校卒業時には、なんとなく進学したいという気持ちを抱き、高校時の担任の渋田正幸先生に相談すると、宮崎に開設された南九州大学園芸学部造園学科を紹介され、柔道部の先輩がいらっしゃることから進学した。しかし入部したのは空手道部だったが、猛稽古についていけず挫折。大学の授業にも身が入らずそのまま大学も中退してしまった。大学卒業を期待していた学歴のない父は、金をドブに捨てたようなものだと怒り狂い、その言葉に早まったことをしたと随分悔やんだが、その後悔が後の原動力になったことは間違いないだろう。

先走って言うが、私は19歳で大学を中退し、22歳で夜間短大を終え、そのまま4年生大学に編入学、24歳で卒業、52歳で大学院を修了した。普通の人が進むコースを一歩遅れて学校を終えたわけだが（大学院は30歳遅れ）。先に社会に出て、後付が学校みたいなところがある。

とりあえず社会に出たらなんとかなるだろうと思い職に就いたのだが、そう甘くはなかった。わからないことだらけであった。職業高校出ということから一般教養力の乏しさに頭を打ち、これではいけないと思い学校に通ったのである。ともかく専門技術を身に付けたかった。マイナスからのスタートだったかもしれないが、社会と学校の往来を知らずうちに実践していたのである（本音は職業高校出と下目に見られるので、少しは知恵をつけて見返してやろうと学校に行っただけである）。

私は、はっきり言って不器用である。文章を書いても絵を描いてもスポーツをしても決して上手くない。そんな不器用な私ではあるが、空手道だけはずっと続けてきた。大学空手道部脱走兵の汚名を晴らすため、舞い戻った地元の町道場に通い稽古を積んだ。不器用さは稽古量でカバーした。雨の降る夜は道場生が来ないとみて、師範は早目にシャッターを下ろされるが、私は後ろから「こんばんは」と声をかけ、元旦からご自宅の道場に通うなどが重なり、とうとう「なんと厚かましい奴や」とのお言葉を賜った。これを稽古熱心と受け止める私の性格にたいそう呆れられたが、何事もこのような姿勢を心がけた。

空手道を通して「真正面から体当たりすることで道が拓けること」「何事も楽しんでやればマイナスからプラスになること」を学んだ。コツは「自分の能力・技術は低いと思い込み、上手なお手本となる人を探し、近づきたい一心の気持ちで反復稽古を繰り返すこと」と理解している。反復稽古とは聞きなれない言葉だが、私は「創意工夫の繰り返しが上達の道」と解釈し、練習とは違う考えを持つ。結果よりもプロセスを楽しむ。失敗してもまたやればよいという考えもそこで育った。

大学は中退したものの、やはり造園という分野の職業に就きたいと思い、先述した恩師渋田先生宅に大学中退の報告と、厚かましくも就職のお願いに伺うと「もったいないことをしたな」と言われたが「先輩が造園のコンサルタントをしているから」と紹介され、早速出向くと採用された。昭和47年、19歳の時であった。

だが長らくは報告書がまともに書けなかった。それもそうだろう。大学を一年で中退し入社したのだから、基礎学力が伴わないのは当然である。ゆえに、「文章が書けない奴」という烙印を押された（今も変わらないが）。そんな時、文章を書くことに少し自信が持てるようになった出来事がある。密かに応募していた毎日新聞社主催の「毎日郷土提言賞」の募集で、兵庫県内の入選を果たしたことであった。名誉挽回のチャンスが回ってきたのである。30歳になろうとしていた。

入選が会社に知れてから状況は一変した。書けない奴と烙印を押されていた私はその日から報告書の作成を任され、それと格闘する日々が始まったのであった。今日まで手がけた報告書は100冊を超えている。それは私の場合、レクリエーションのようなものであった。

このように少年期、青年期は不器用で正直言って学力も運動能力も乏しいものだった。それでも「真正面から体当たりすることで道が拓けること」「何事も楽しんでやればマイナスからプラスになること」の姿勢は曲げなかった。

これから私が実際に取り組んできたことを順番に書いていくが、途中では「おい、君は勢いと熱意だけで世の中を渡ってきたのかい？」と呆れるところも端々に出てくると思われる。そのときはこの1章を思い出していただき、笑って流していただけるとありがたい。

高校教員に憧れる

高校教員になりたいと思ったのは、夜間短大を卒業する頃である。工業高校の建築科の先生になり、空手道クラブを指導してインターハイを目指したかったからである。母・田鶴子が国民学校の助訓導であったことも少なからず影響していた。もう一つの理由として、未熟ながらも人に教えるのが好きだったからである。コンサルタントの仕事はお役所から設計を頼まれての図面づくりで、少しは技術を教えているところもあった。

昭和52年3月の朝日新聞に大分工業大学（現日本文理大学）三次学生募集の広告を新聞で見つけ電話すると「すぐ面接に来なさい」とのこと、面談一発即採用とはこのことだ。その場で合格通知をいただき夢の4年生大学に編入学、しかも全日制だ。その後の大学院も受験勉強はしたこともなく、なかなか職場の同僚とは話が合わなかった。

私は迷わず教職課程を履修し、卒業時に工業高校2級教員免許状をいただいた。それから工業高校建築学科教員採用試験への挑戦が始まったのである。手っ取り早いのは合格者のアドバイスをもらうことであった。狙いは道場にお越しになっている教育大学空手道部ＯＢの先生方である。ヒアリングを重ね試験のポイントをノートにまとめ暗記する方法をとった。徹底的に反復稽古を重ね記憶に焼き付けた。ところが、それでは変化に対応する応用力が身に付かなかったのである。だが、反復することしか自分にはできない。いたずらに大学ノートを書き潰す日々が続いた。

教員採用試験は８月であった。試験は一般教養・教職教養・専門と三本立てであった。１月から受験勉強を始め４月頃には教職教養、専門の問題はスラスラと解けるようになった。専門課程は今、振り返ると二級建築士の問題を少しひねったような問題だった。教職教養は社会の問題に近く、過去問をやれば解けるレベルだった。しかし、一般教養問題は解けなかった。特に数学、物理には手を焼いた。恐れていた応用力の欠如で未だ三角関数ができない。これぱかりはいくら勉強しても改善されなかった。

そこで私がとった作戦は専門科目と教職科目で点数を稼ぐというもので、一般教養は半分できれば上出来と考え本番に挑んだ。試験は生まれ故郷の佐賀県、学んだ大分県、そして地元の兵庫県、大阪府、友人がいる愛媛県と西日本を受験で飛び歩いたが結果はあえなく全敗、数学物理ができなかったのが致命傷であった。あまりにも悔しくて、佐賀県教育委員会に「なぜ落としたのか」と抗議に出かけた程である。それほど教師になりたくて4年制大学に編入学したのに、見事に夢破れたのである。

落ち込む私を見て、大分工大時代の恩師大久保浩孝先生は「古巣に戻ったら」と、おっしゃられた。その一言で私は再び造園コンサルタントの道を歩むようになったのである。しかし胸中は毎年教員試験を受け、いつかは高校教員になるぞと誓ったものである。でも、出戻り社員として仕事に没頭するようになると、いつしか高校教員になる夢は忘れた。次第に造園コンサルタントの魅力に引き込まれていったのである。昭和54年の師走の一コマであった。

私の大学教授像

憧れていた高校教員の夢破れたものの36年後、思いもよらないことから大学教授になれた。人生は不思議なものである。三角関数ができない大学教授が誕生したのである。もし、センター試験の数学の合格点を求められれば私は間違いなく首である。その日が来ないことを祈るばかりである。

大学教授になりたい理由を考える間もなく、あっという間に大学教授になったのだから「なぜ、大学教授になりたかったか」と聞かれると、「考える暇もなかった」と答えるのが正直なところである。ただ、おぼろげには博士・技術士・一級建築士を持っているので、大学で教えることができるのではと思っていた（自慢話になりすいません）。事実、非常勤講師を重ね、その思いは院修了後次第に強まっていった。

でも、こうして大学教授になれた。しかも5年間、教授職見習いみたいなことをやってみて、大学教授像について自分なりの考え方が固まってきたので述べてみたい。

まず挙げられるのは「教えることの楽しさ」である。コンサルタント業務と同じで、学びえた知見を他者に提供することが楽しく、相手に喜んでもらうことである。教えることは種まき作業みたいなところがあり、時間の経過と共に成長する。それを間近に見ることができ、教員冥利に尽きる。1年生入学時の童顔が、卒業時にはきりっとした精悍な顔つきに変わるのだから驚く。でもコンサルタント時代はアホな学校を出た蘊蓄《うんちく》を垂れる変な奴、程度にしか見られなかった。

次には「研究時間が豊富」なことがあげられる。誰に気兼ねすることなく研究ができる。やりようでは授業の時間を除いて、すべての時間を研究時間に当てることができる。会社員の頃はそこまでやる気にはならなかった。なぜならば労働だからである。それが大学教員になると違ってくる。いつでもどこでもやる気になる。成果はすべて自分にかかってくる。

「造園界の発展」と言えば言い過ぎかも知れないが、私は毎年3本の論文、10報程の新聞記事を書くようにしている。依頼原稿も歓迎するが、年に2本程でこちらは寂しい限りだ。これらは研究発表だが、実はそう思わない。己の文章力が世間に通じるのか、試しているだけである。事実、学会の査読付き論文の挑戦は1勝4敗と分が悪い。もっと学術レベルを上げ、社会に貢献する研究を極めてこそ、真の大学教授と言えるのである。

近年、大学教員の社会貢献の声が高まっている。「社会の使命に応える」ことは、私が最も得意にしているところだ。会社員の頃はコンサルタント業務のなかで委員会付きの仕事があった。大学の先生に委員になってもらい、審議してもらうのである。今はその逆を行く。鳥取に来て鳥取県、鳥取市、公益法人の委員、講師を頼まれる。事業の方向性について意見をするものだが、公立大学の教員という使命感から職を楽しんでいる。

著書の執筆、中央省庁からの委員、講演会の依頼は皆無に近い。ここが悔しいところである。ここを充実し科学研究費が取れ、海外からお呼びがかかれば一人前の大学教授だが、そこは私にとっては夢の世界である。

望まれる実務家教員像

一昔前の大学教員は、旧帝国大学を中心にした学究出身者が支配する閉鎖的な社会というのが一般的なイメージではないか。しかし大学が果たす役割・責務は「研究と教育」にある、いわば競争社会にあり、それに対応できる仕組みをつくらなければならない。わが国の高等教育機関は大学、短期大学、高等専門学校、専門学校などを含めると1200校に及ぶ。追い討ちをかけるように少子化が促進し、学生の争奪戦が繰り広げられ、まずは競争力が問われる。

すでに神戸ファッション造形大学が競争に敗れ、閉鎖に追い込まれた。大学の淘汰が始まったのだ。このような状況下で教育の充実が求められる。対策として人気のあるジャーナリスト、建築家、イラストレーター、アナウンサー、歌手、オリンピックのメダリストなどの実務家を教授に招聘する大学が増えている。

いわゆる人寄せパンダだ。第二の芸術家・アスリートが輩出すればそれに越したことはない。そこに求められるのが絵を描き、建物を建て、歌を唄うことならば、現場で培った実務の技が輝く。本質論に欠けるかも知れないが、いぶし銀の技が今、大学教育に求められている。

つまり領域によっては教える学術・技術・技能には限界があり、その道のプロに頼らなければ充実した教育ができない、という考えが成り立つ。

触れておかねばならないことは、大学設置基準における教員の条件が改められ、実務に長けた教員に門戸が開かれたことだ。鳥取環境大学の募集要項にも「博士の取得、または同等以上の学識を有する者」とあり必ずしも学位は問われない。このような状況は他大学にも同じことがいえ、これをきっかけにして社会人大学院出身の教員が増えた。

しかし、大きな問題があった。それは教育経験が乏しいことだ。確かに実技は素晴らしいが、それを他人に教えた経験が少ないことが問題を引き起こす。例えば天才肌の実務家教員の場合、指導する学生の理解度が低いとしびれを切らし、口を尖らす場合がある。これは避けたいところだ。

実務家教員は最先端の学術・技術の世界では生きてきたが、実は生ものの、学生とのコミュニケーション能力が乏しいのは紛れもない事実で、教育経験不足は大きなハンディキャップと言える。

ではここで整理しておこう。必ずしも実務家教員がオールマイティではないことを明言しておく。たまたま建築や音楽などは露出度が高く、実学としてわかりやすいことから建築家、音楽家のなかで優れた作品を持ち、国際コンクールで賞を取られた方々は学生の憧れの的であり、大学教授には最適であろう。でも、それは教育全体を見ればほんの一握りであって、本質論を探れば建築領域において歴史、構造などの分野はアカデミックな研究者が必要であり、そう簡単に実務家に頼るわけにはいかない。

したがって、実務家教員が活躍する分野は限られる。要は組織のバランスである。基本的にはアカデミックな研究者による教育体制を基本とし、実務家教員はそのスパイスとして配置することにより、教育効果と学科運営は適正効率的なものとなろう。教員に転身して6年目を迎え、ようやく見え始めたことである。

何をもって実務家教員というのか、経験から見えてきたことを述べる。造園コンサルタントの仕事はまちづくり、景観計画、公園設計などにおいて、現場を調査し、計画を立案し、図面を描き、報告書を書き、委員会を運営し、工事を監理し、管理運営計画を立て、プレゼンテーションを行うことが一般的な仕事内容であった。

　実務家教員とは、このような経験を学生に教えることと理解している。つまり現場で冷や汗をかいてきた失敗例、あるいは数少ない成功例を伝え、学生に実務の表裏・臨場感を教えるのが役目だと思う。

　そこには博士はいらない。学生が絵を見て、目を輝かす方が大切だ。いわゆるゴッドハンドと呼ばれる神技が求められる。それは「考える力、形にする力」を瞬時に、しかも「上手にやる能力」が求められる。

　一方、調査計画においては、対象地の自然・社会環境の分析に取り組み、膨大な資料との格闘が待ち受けている。そこには調査・分析・計画立案・公園経営などの能力が求められ、大学研究者と同等の能力が求められる。専門家と名乗るためには博士、技術士資格が不可欠である。

　特筆すべきは、実務家は産・官・学と幅広い分野の方々と交流し、人的ネットワークを築き、社会とのチャンネルが多いことだ。それは情報収集、就職活動時に力を発揮する。学生を社会につなげる役目を担う。

　実務のスキルを磨くために、企業人の場合、資格はどうしても必要である。それがなければ仕事ができない。露骨に言えば会社での存在価値を高め、給料を上げることを目的とするからだ。大学教員に求められるのは資格に裏打ちされた学識・技術力と、豊かな人間性と思考力、そして学生を引っ張り、まとめる統率力である。

　とりわけ思考力アップの指導力が求められる。学生が持つ能力に気づき、伸ばすところに教員の手腕が問われる。そのためには学生の資質、性格を読み取り、刺激を与え、学生のやる気をいかに引き出すかが腕の見せ所だ。

しかし、このようなことは大学から見た教員像である。大切なことは学生がどのようなことを学ぶかにある。肝心なことは卒業後の進路である。在学中にどのような資格が取れるのか、卒業後の受験資格は何かに学生の視線が集中する。そのためには実務家教員は必要であろう。しかし、大学は学問の真理を学ぶところであり、資格を取りに行くところではない。ここを学生に理解させるのが難しい。理想は実務の技術とアカデミックな学識を持ち合わせた教員の配置である。

公募に妻の後押し

大学教員の公募については、ＪＲＥＣ－ＩＮ（独立行政法人科学技術振興機構）のウェブサイトに詳しく出ている。鳥取環境大学教員の応募資格は学位の有無・学歴・研究業績・教育経験などが問われた。研究業績では著書、論文数、講演回数などが評価され、海外の実績は特に高く評価される。また、科学研究費などの外部資金導入実績の評価が極めて高いことを申し述べておく。学歴については大学院修了・大学卒業が必ずしも絶対条件ではない。同等の学力を有する者と表現されている。

雇用条件は鳥取県居住の義務付け、給料、就業時間、勤務形態、雇用形態、雇用保険、医療保険などについて詳述されている。一般企業との違いは就業時間、勤務形態であろう。大学教授は研究職ゆえに、就業時間の裁定は個人に委ねられている。週当たりの実働時間は定められているものの、企業でいうところの出勤・退社時間は定められていない。勤務形態も自由である。一見縛られないように見えるが、それは24時間体制の勤務形態を意味している。これは採用されてからわかることだ。

雇用形態が最も注視される。そこには専任、任期制、非常勤の雇用形態がある。職階も助教、（講師）、准教授、教授に分かれる。雇用形態で最近増えて来たのが特任・客員・任期制で、専任との違いは大学運営の事務作業量が少ないことだ。給料も専任の6〜7割程度に抑えられる。建築事務所を経営される実務家教員や国公立大学を退官された先生の場合に適用される場合が多い。任期制とは雇用期間を切って採用することをいう。

評価制度が重視され、大学教員にも任期制が導入されつつある。結果を出さない教員はお払い箱になる。成果主義の導入でもある。評価の視点は学生からの「教育評価」すなわち授業の出来栄えである。研究者としての評価は、論文発表・講演回数・社会貢献・外部資金獲得などの「業績評価」があげられる。要は学生に人気のない教員、論文を書かない教員は要らないということだ。企業では当たり前のことだが。

近年オーバードクターが増え、任期制の教員、研究員のポストが増えたことも特徴である。通称ポスドクといわれている。反面、専任教員のポストが少ないのが現状だ。ポスドクは科学研究費のスタッフとしての雇用が多く、長くて3年という不安定な雇用形態のなかで研究に取り組むことから研究者の不安感は払拭できない。

待遇については「本学の規定」によるというのが一般的で、年俸額などは表示されない。国公立大学、私立大学、それぞれにより異なるが、有名私立大学では年俸が5割ほど高いところもある。少子化が進み学生の争奪が厳しいことから、よい先生はよい大学に集まる傾向にあり、この趨勢は今後とも高まるものと思われる。

このように大学教員公募の資格、条件は幅広く、しかもその文面から実状を読み解かなければならない。断っておくがほとんどの大学は公募についての問い合わせはお控え願いたいとの一文がつく。

そして、もっとも嗅覚を研ぎ澄まさなければならないのは、挑む公募が「本命がいる出来合いのレースか」、それとも「本命不在のがちんこ勝負のレースか」を読み切ることだ。しかしこれは正直言ってわからない。選考結果から推測するしかないのだ。要は自信を持って、公募に挑むことだ。勝負はやってみなければわからない。

私が鳥取環境大学に応募した時の求人データにはこのように書かれていた。ランドスケープ(造園・景観)専任教員の募集、受験資格として、博士、技術士、一級建築士、測量士などを持ち、できれば建設コンサルタントの経験者が望ましいとあり、運よく私にこれらが備わっていた。

正直言って、これはまたとないチャンスと思った。そして驚くことに、そのポストはわが国のカリスマ的な造園コンサルタントとして知られる吉村元男先生の後任だった。ここにご縁の深さを感じ、私は決断した。人に使われて人生を終えるのか、それとも夢に挑戦するのか勝負をかけたのである。と書けば人生の英断のように聞こえるが、なんのことはない。一か八か、当たって砕けろの心境で挑んだだけだ。平成20年6月のことであった。

ただし、ここは意見が分かれるところである。自分の夢を実現するために、育てていただいた会社に不義理をしてよいのか、人情がからむ。特に私の場合は34年前、会社の都合を考えず、身勝手な大学進学を通すために頭を丸め、大分工業大学に編入学した前科があるだけに、またも会社を裏切るのかと悩んだ。

そこには事の成り行きの前後を見極める冷静さと、勇気ある判断力が求められた。熟慮の末、会社には申しわけないが私は挑戦を決意したのである。このように書けば格好よいかもしれないが、本音をいうと、家内の「パパの夢だからチャレンジしたら」が決め手であった。

ここで鳥取環境大学を紹介しておく。鳥取県と鳥取市が100億円ずつ出資し設立。鳥取県・鳥取市・鳥取銀行などによる第三セクターが経営する公設民営の大学で平成13年に創立され、24年度から公立大学として新たなスタートを切った。

ここで大切なことは情報収集だった。でも、鳥取環境大学のことは吉村先生がいらっしゃる程度で、詳しいことは知らなかった。そこから情報収集に努めたが、ウェブで見られる資料しか手に入らず、ならば大学に行くべきと決断した。平成20年8月、鳥取環境大学のオープンキャンパスがあることを知り、ちょうど次女の葉が都合よく高校3年生だったので誘い訪問した。大阪駅から片道2時間半の日帰り旅行であった。

キャンパス見学の後、受験相談の面接があり、現在の同僚であるお二人の先生に対応していただいた。質問したのは私がほとんどで、葉は黙って聞いていた。それもそうだろう「パパの付き添いで来たのだから」と顔に書いていた。対応していただいた教職員の方々の笑顔と親切さに心を打たれた。帰る間際にインタビューを受け、皆さんの丁寧な対応に感謝の意を伝えた。でも、誰もが私が教員公募応募者ということは見抜けなかった。受験相談の面接官との再会は、二次の面接試験の時であった。赤い糸がもつれ始めたのである。

業績書はこう書いた

さて、ここから教員公募試験における私の体験談を述べる。まずは一次試験の突破である。業績書を書き上げるには日頃からのデータ整理が肝要である。これまでに書いた論文、著書、報告書、講演活動、教育活動、学会活動、保有資格などを時系列的に整理しなければならない。タイトル、年月日、概要を書かねばならず、記憶をたどり、思い出しながら書くことは大変なエネルギーを使う。仕事の業務経歴は会社に保存されていたが、事務員に聞くわけにはいかなかった。転職を考えていると悟られるからだ。

書き物も専門誌への投稿記事、依頼記事、査読付き論文、新聞記事と書き散らし、どこに何があるのか、わからないものもあったが粘り強く探し出した。

気をつけなければならないのは査読付き論文の表現である。大学の紀要は一応査読がつくが、ジャッジが甘いために関西学院大学では公にする場合「査読付き論文に準ずる」という表現をする。しかし、これは他大学では認められないからだ。

見劣りしたのが教育活動である。非常勤講師は関西学院大学、大阪芸術大学、京都大学などから声がかかったものの単発で少なかった。それを補ったのが業界団体の講師である。公益法人の

㈳日本公園緑地協会、公園緑地管理財団、ＮＰＯ法人の国際造園研究センターなどから声がかかり、博士論文のパークマネジメントを語った。珍しいところでは大阪の行政書士会から「環境問題を話してくれ」と頼まれたことだ。このような活動をキメ細かく整理した。

救われたのは手がけた作品である。国営公園、日本庭園、緩衝緑地、博覧会会場、文化財保護、そして建築など多様な業務に携わった。実務家教員がアピールしやすいところだ。設計の留意点、問題点と課題を明らかにし、受賞経歴や専門誌の掲載歴などを付記するとよい。特に作品の写真は効く。論文、著書よりも効果的である。それは私が面接官になった時にも感じたことである。やはり、よい作品の写真は目を引く。

著書は単著、共著問わず記述する。共著の場合は担当範囲とページ数を正確に示す。単著であれば複数の査読付き論文に値する。共著、共編も論文数本分に値するものと受け止められる。私はそれにゴーストライターで書いた技術士受験用の参考書を加えた。

このほかに資格、特許権の記述が求められる。やはり実務に関わりの深い資格が求められる。造園の場合は技術士、建築士、測量士、施工管理技士、技能士などの国家資格が該当する。任意団体の資格では樹木医、ビオトープ管理士などの需要が高い。学歴、職歴については正直に書くことである。外部資金の導入実績については科学研究費（通称科研費）、自治体研究費を分けて書く。

業績書は履歴書そのものであり正確にわかりやすく、誇大な表現を避け、事実をシンプルに記述することが求められる。ただし審査員の立場になると視点が変わった。

少し時間は飛ぶが、鳥取環境大学の教員に採用され、まもなく公募教員の面接官が回ってきた。大量に届く書類を短期間で目を通し、優劣をつけて合格者を絞り込むのである。研究業績書、履歴書、作品集を読み込む作業はエネルギーを要し、優劣がわからなくなる時がある。

その時に知ったのはボリュームのある研究業績書は、小説風に書くほうが読みやすいということだった。事務的に書かれたものよりも、研究成果にメリハリをつけた文体は頭に入りやすいからだ。思わず講義のイメージが浮かぶようなものもある。それと作品の写真だ。いずれも印象深い。このように、審査員に読んでもらうにはコツがいる。

経験を書き込んだ

業績書を書く時心がけたことは、私は純粋な学者ではなく社会に技術と学術のネットワークを持つ造園コンサルタントであることを、いかに審査の先生方に理解していただくか、ということであった。そのためには学業、実務（仕事）、研究、そして社会貢献をバランスよく業績書に書き込む必要があった。

まずは学業だが、高校で造園、大学で建築、大学院で総合政策を学んだことから、専門領域の広さをアピールした。

実務は里山の再生計画、都市緑化植物園、展望台、公園管理棟などの建築設計、国際博覧会、緑化フェアの会場計画、そして公園緑地の計画設計などの多様性を主張した。いわゆる造園、建築、土木の領域について明るいことを訴えた。

実務家教員の売りは作品である。私は19歳からこの世界に入り、高度成長期、オイルショック、内需拡大、バブル崩壊、経済低迷の時代を駆け抜け、作品は時代を反映して、公園緑地の量産、質の向上、アメニティ、持続性、健康志向、エコロジー、安全安心、防災などのニーズに応えた対応策を詳述した。学生の多様なニーズに応えるためだ。

人脈形成も強くアピールした。当時私は㈳日本造園学会学術委員、㈳ランドスケープコンサルタンツ協会関西支部技術委員長、㈳道路緑化保全協会近畿支部技術委員長、地元の兵庫県川西市では景観条例策定委員、同じく文化行政懇話会委員など、この他に㈶日本造園修景協会員、空手道研究会員など、学界、官界、コンサルタント界、空手道界などの幹事、役員を拝命し、幅広い人的ネットワークを持っていた。これが学生の就職活動に役立つのではと思い詳述した。

資格のアピールも大切だ。博士、技術士、一級建築士、1級造園施工管理技士などの保有を強調した。学科が建築・環境デザイン学科ゆえに一級建築士が効いたのではないか。技術士を持つ大学教員も少ない。技術の応用による成果が求められる技術士論文は、研究者主流の大学教員にはなかなか書けないからだ。実務家教員の運転免許でもある。博士は皆さんがお持ちゆえに保有は当然視されるところだ。

賞罰については、コンペでは国際造園家会議開催記念国際コンペ八幡屋公園基本計画（1985年）で佳作、第23回都市公園コンクールでは大阪府営公園の遊具のリスクマネジメントで国土交通大臣賞（2007年）、毎日新聞の郷土提言賞では県内入選、環境緑化新聞の緑提言賞では佳作などを詳述した。いずれも勤務先の社長の下で、私は一スタッフとして業務に従事させていただいたおかげだ。

このほか、私はライフワークが空手道であることを強調した。国体選手、30年にわたる地域コミュニティにおける普及活動、大学・高校空手道部における監督・コーチの経歴を書いた。これらの経験を活かして学生を指導し、鳥取環境大学空手道部のインカレ出場を訴えた。

このように業績をまとめたが海外での論文発表がない、コンペや国際会議での業績が乏しい、学会賞を逸している、科学研究費を取得していない、などが私のウイークポイントであった。

このような経過を踏まえ書類を提出した。その後、締め切りが過ぎたものの、私が採用された場合の授業計画書を勝手に送りつけたのである。これは明らかにルール違反で、受け付けられないのはわかっていたが、居ても立ってもおれず書いたもので、ペナルティを課せられるよりも、熱意とみなしてくれるのではないかと思った。振り返れば無謀な行動だったが、思い立ったらやらずしてすまされない私の性格が出てしまった。また、担当した業務、研究を私がすべて一人でやったような誇大な表現をしたのは間違いだった。わかってはいたのだが知らぬ間に陥るのである。

研究業績書が薄ければ見てもらえないと不安に陥る。そこで、多くの情報を詰め込み、厚みをつける。でも、審査員からすれば、これだけ仕事と研究をやってきたのだから私を採用したらどうか、と見える場合がある。したがって厚い書類を作るよりも、質の高い研究と作品をいかにうまくプレゼンテーションするかにかかってくる。

審査はこうして突破した

一次審査は書類審査である。求められたのは教育実績書、著書、論文、作品、資格証明書、履歴書だったと記憶している。著書、論文はすべて収集した。作品は代表的なものについては撮影に出向いた。バインダーに収めると厚さは20㎝程になった。丁寧に対応すべきで、資料の整理具合によって熱意、人柄が疑われるからだ。公募に何人、どのような人が応募してきたのか知る由もない。書類審査の選定基準も明らかにされていない。

教育経験（特に大学院での指導歴は高評価）、著書数、論文数（海外発表は高評価）、国際会議のパネリスト数、講演回数、学位、賞罰、資格、学歴、外部資金獲得、社会活動などを見られる。ここに実務家教員は作品が加わる。作品の種類、質、賞罰から値踏みされる。作品の概要、問題点と課題、評価をつければ効果的だろう。同様に社会貢献の評価も高いと思う。今日の社会を見れば当然である。

書類審査合格はメールで知った。第一関門を突破し面接は鳥取環境大学で行われるとのこと、いよいよ本丸に乗り込むのかと思うと気合が入った。

面接審査が二次試験の最終審査である。これで採用が決まる。面接試験のトレーニングでは技術士口頭試問の勉強を再開した。質問回答書を作成し妻に試験官になってもらい、模擬試験を行いよどみなく応えられるようになるまで何度と繰り返した。ここでも反復稽古が生きた。

面接会場には面接官の先生方がずらっと並ばれ、さすがに緊張した。そのなかにオープンキャンパス時、娘の面接で対応していただいたお二人の先生がいらっしゃり驚かれた。それもそうだろう、子どもが入学試験を受けるはずだったのが、その代わりに親父が出て来たのだから。面接の出だしで、いきなり「測量の授業はできますか」と尋ねられた。そこで「平板・レベルはできますがトランシットはできません」と答えた。それは拙かったらしい、そのような時は「できなくてもできる」と答えるものだと後から教えられた。

仕事では岩盤緑化の方法について質問を受け、種子の吹き付け法を説明したが、それでは駄目だと言われた。ならば岩盤に穴を開け苗木を植えるポット苗木植栽について説明した。やり取りがしばらく続き、話が途切れると落とされると思い、必死で話をつないだ。

救われたのは学生集めの方法を聞かれたことだ。私は「空手道の稽古に汗を流した同門の多くが高等学校の教員となり空手道部の顧問に就いていますので、そのルートで学生を集めます」と答えた。趣味が活きた。

最後に私は、面接試験にお呼びいただいたことにお礼を申し上げたが、思わず感極まって涙がこみ上げ「何とか私を採用して下さい」と頭を下げ、席を後にした。その時、なぜ涙がこみ上げて来たのかわからなかったが、喜怒哀楽が激しい私の性格が表れたのだろう。「このチャンスを逃がしたくない」という必死さが涙を呼んだのである。

そして、帰路についた。バスのなかでしばらくの間、うとうとしていたら携帯電話が鳴った。ここで本書の書き出しにつながるのである。「こちら鳥取環境大学です。先ほどの面接試験の結果、中橋先生の採用内定をお伝えします」といわれ、一瞬耳を疑った。これはきっと夢にちがいない。でも、それは紛れもない事実だったのだ。

このような公募には素晴らしい業績を持つ研究者、実務家が挑まれる場合がほとんどで、私よりも著書・論文数が多く、輝かしい作品歴をお持ちで、教育活動も充実した人がいらっしゃったと思う。

では、なぜ私が合格したのだろうか。それは、私の最大の売り物である「情熱」を汲み取っていただいたのではないかと推測する。いわゆる体育系と評価される行動力である。でも、これは私の諸刃の剣とも言われるところで、前向きなところはよいが、裏を返すと中身が伴わないことがしばしばあり、仕事でも数多く失敗した。特に人間関係では、男芸者・太鼓持ちの性格が強くエリートから敬遠された。

しかし、面接では涙を流すなど、喜怒哀楽の激しい性格が出たのが功を奏したのか、浪花節的だが試験官の心を掴んだものと分析している。要するに火事場の馬鹿力が効いたのだ。これまでの人生で、生きていくために格闘してきたすべてを凝縮したパワーが面接で発揮されたのではないか。

学ぶ環境を変えた

一般的に大学教授を目指す人は、大学院で博士を取得され、助教、講師、准教授、教授に昇任されるケースが多い。日頃の勉強が研究に置き換わり、それが仕事になるのでうらやましいと思った。それに引き換え造園コンサルタントは生産性・利益率を優先した研究業務に従事し、大学の研究とはなんら遜色がない。そこにはスキル向上の学習が必要で、スタッフは寸暇を惜しんでスキルアップに励む。生きていく手段として資格取得が求められるからだ。

私は社会人大学院に進むことにより、この両方の世界を見ることができた。安定性が高いのは大学かもしれないが、仕事の緊張感が高いのはコンサルタントだ。それは、利益追求が技術のレベルを上げるからだ。ただし学術的には普遍性に欠けることがあることから大学に軍配があがる。コンサルタントは常に技術開発に追われ、利益を生みにくい研究結果の追跡調査が手薄になるからだ。

このようなことから、大学の先生を目指すならば、他人のメシを食うことをお勧めする。事実、そのような教授はいらっしゃる。大学院修了⇒助教⇒コンサルタント⇒公的機関研究所員⇒学位取得⇒講師で復学⇒他大学で准教授⇒出身大学で教授のようなケースを見受ける。ある大学では、昇格は他大学への公募挑戦を条件にしている。このように学術、技術を磨くには、専門性を活かして、他機関に勤めることが効果的である。それは武者修行みたいなものである。

同様なことは大学、大学院で学ぶ研究領域、学科を変えることをお勧めする。それは専門性を深めるあまり、一つの組織に留まることは蛸壺の世界に陥るからだ。私は高校で造園、大学で建築、大学院で総合政策を学び、雑種、ハイブリッドのキャリアと言われ、言い方もあるものだなと思った。これは空手道の修行でも同じことが言えた。大学空手道部中退ゆえに、大会ではいつも下目に見られたので、強い相手を求めて他道場へ出稽古に出掛けたのと同じだ。

大学教員になるには知識と知恵の違いを知り、常々、両方身につけるのが大切と思っていた。「知恵」については、パナソニック創始者の松下幸之助氏が、当時松下産業㈱の新入社員入社式の挨拶で「私には知識はないが知恵がある」とおっしゃられたそうだ。いくら知識があっても、知恵がなければ知識は活かされないことを。そこに成功の秘訣があったのであろう。続けておっしゃられたのが「諸君には知識はあるが知恵はない、知恵をつけ学んだ知識を活かして会社を盛り立てて下さい」と、結ばれたそうだ。パナソニックに勤めていた妻の父から聞いた話である。

私の経験から言えることは「常に頭を低くして、相手を尊敬し知識をいただくこと」に集約された。そうすることにより相手から胸襟を開いていただき、快く交流を深め、多くの「知識」を授けていただくことと理解した。

大学教授になるには知識と知恵を兼ね備えた人間力が求められる。それは知識をビジネス、研究で実践し高めるものの、失敗することにより知恵が身についた人間の採用を意味する。知恵は失敗を挽回しようとする創意工夫の力が養ってくれる。

そのためには技術屋は、仕事のえり好みをせずに何ごとも正面から取り組み、失敗を経験することがよい。つまり、失敗して下目に見られながらも、粘り強く「修羅場を潜る」ことにより、知識と知恵が身につくのである。松下幸之助氏も少年時、丁稚奉公に出され、他人のメシを食ったことが大成をもたらしたのではないか。

準備はこうした

何事も周到な準備が必要である。書類審査用の書類作成方法について、知り合いの大学教授に聞いた。どこを見られるのかと聞くと、その前に「山積みにされたファイルのなかから見てもらう工夫がいるぞ」と言われた。審査員の目に止まり、読みやすさが求められるからだ。当たり前のことだが、鮮やかなブルーのハードカバーのバインダーを用い、資料別に色違いのインデックスをつけた。

ポイントは、実務の精通ぶりを如何にアピールできるかであった。それは造園、ランドスケープ、建築に携わった仕事の経歴の長さを審査員に訴えることと考えた。私は高等学校で造園を学び、それを天職として、55歳まで造園設計実務一筋で生きてきたことを素直に訴えた。常にコンペ、資格試験、懸賞論文などに挑みスキルを磨き、成果を上げたことを訴えた。しかし、これは珍しくもなく効果はさほど上がらなかったのではと振り返っている。

面接審査を受ける場合、よく自然体で挑めばよいという人がいるが、それは間違いで、何ごとも準備周到が大切だ。面接試験ではどのような先生が対応していただけるのか、と思いを馳せた。恐らく建築・環境デザイン学科の先生が対応されると思い、パンフレットを机の前に飾り毎日眺めていると、自然にお顔とお名前を覚えてしまった。これは戦略ではなく願をかけるようなものだった。

これがずばりと当たった。面接時に質問される先生の答えに、お一人、お一人の名前をつけて答えたのである。すると、ある先生が「なぜあなたは私の名前を知っているのか?」と、不思議な顔で尋ねられた。

狙いが的中した。そこは正直に答えた。「建築・環境デザイン学科のパンフレットを机に飾り、毎日、合格祈願をかけていましたので、先生方のお名前は自然に覚えました。と答えると、こんな受験者は初めてだと言われ試験会場は笑いに包まれたのである。それから和やかな団欒となり、面接時間はあっという間に終わったのである。

建築・環境デザイン学科のパンフレットを机の前に飾り、合格への祈りが予期せぬ結果をもたらしたのである。今振り返れば、これが合格の源ではなかったか。冗談みたいな話しだが、やるべきことは何でもやった。

面接試験が事実上の最終試験である。緊張感は半端じゃなかった。試験官の鋭い質問が私の学術、技術、人間性などを瞬時に分析し、わずか30分ほどで合否を決められるからだ。

正直申し上げ試験官には「学術・技術面では歯が立たないな」と思った。恐らく、しどろもどろの一歩手前ではなかったか。面接で大切なことは、試験官に誠実、謙虚、不屈であることを理解してもらうことだ。その上で学術、技術力が問われる。業績はあまり強調しないことだ。「技術士は難しい試験ですね」と誘い水を受けたが「いや、それほどでも」と、軽く流した。聞かれたことに対してのみ、丁寧に答える。わからないことはわからないと答えるが、会話の継続が命運を握る。

和やかな談話の場合でも、決して調子に乗らず、喋りすぎないことが肝要である。軽い人間と見られるからだ。間違ってもムキになって試験官の質問にカウンターを合わせるような口調は慎むべき。感情が顔に出るようでは話にならない。

救われたのは造園コンサルタントの実務について聞かれたことだ。私は地球環境問題を意識しながらも、主に失敗事例の対応策を含め説明した。そこを試験官が巧みに突いてきた。

生態工学という言葉を使い、その意味を問われた。「生態学という理学領域に、工学がどのような関係を持つのか」という質問だった。理学と工学の融合は説明し辛かったが、文理融合の考え方を例え話にしてなんとか理解を得た。鳥取環境大学の教育ビジョンが文理融合であることを意識しての発言だった。

このようにして面接を終えたが、がちんこ勝負を避け、相手の質問に対して一呼吸置き、包み込むように応えるのがよい。それは相手の力をいなし、さばくようなものであったと振り返っている。空手道の「先手なし」の教えが活きた。

2章　体験型スキルアップの方法

普通科高校に行けなかった

さらに時間を巻き戻し、少年期から造園コンサルタントとして生きて来た軌跡を振り返ってみよう。私は佐賀県生まれで8歳の時、父の仕事の都合で大阪に出てきて、今は兵庫県川西市に住む関西育ちである。中学時代の成績が振るわなかったために普通科高校への進学はかなわなかった。ならば工業高校の建築科を希望すると、大阪では都島工業高校、西野田工業高校が候補に上がったが、ここも学力不足で駄目と言われ、落ち込んでいたところに数学担当の老教師が「園芸高校はどうか」とアドバイスを下さった。園芸といっても、私には女の子がお花遊びをする程度の知識しかなかったが、箱庭づくりが得意なこともあって、行ってみようかと決心した。でも大阪市立西淀中学からの進学者は私一人で、離れ小島に流される思いをした。

このようなことからやむなく大阪府立園芸高校に進んだ。昭和43年のことである。選んだのは造園科、家造りには庭がつきもので、食いっぱぐれがないと思ったからだ。入学して実習で地下足袋を履かされ、それが嫌で止めた女子生徒がいた。

こうして造園に出会ったのである。随分泥臭いことをするなと思いながらも、造園は今日こそ景観・ランドスケープと呼び名を変え、スカイツリーのコンセプトに「時空を超えたランドスケープ」と取り入れられるくらい、マスコミに露出している。

造園科の授業科目は、造園の科目が入る分、普通科高校よりも教養科目が減らされ、実習が多かった。夏場は実習庭園で植木の移植や石組みに汗を流し、真っ黒に日焼けした。教養科目のうち、数学Ⅱ・Ⅲ、古典・漢文、物理などの授業はなかったので、当然大学受験に必要な学力は身につかなかった。同級生のほとんどは就職で、大学進学者は数えるほどであったが、それが職業高校生の運命だろうと思っていた。

世の中は園芸高校生について、特に造園を学ぶ私をどう見ていたのだろう。「家業が造園・園芸業を営む子息が行く高校」はその通りだろうが、私はモノづくりが好きだったから進んだのである。

事実、園芸高校では泥だらけになった実習を通して植物を覚え、庭のデザイン、庭園の歴史の知識を学んだことは今も私の仕事に活きる重要なものになっている。

技術はこうして磨いた

高校卒業後、南九州大学に入学したものの、空手道部の稽古についていけず中退し、造園コンサルタントに職を得たことは既に書いた。駆け出し時代の昭和48年頃、わが国は高度成長期を経て、大都市人口集中時代を迎え、千里・多摩ニュータウンなどの大規模ニュータウンが整備され、国は当時の建設省の号令のもと「都市公園等整備五カ年計画」という計画に基づいて整備推進し、公園量産の時代を迎え、設計の仕事が出始めていた。

しかし、デザインをさせてもらえるのはチーフばかりで、私は雑用に追われた。でも先輩が描かれたスケッチやエスキースをこっそりと自宅に持ち帰りトレースを楽しんだ。

後で詳しく述べるが、夜間大学に行き始めると建築が面白くなり、しかも建物を群で捉える都市計画に興味を持った。5年ほど経ち、建築設計の経験はなかったが、運よく一級建築士を取ると、会社は私に設計を担当させるようになった。言われる仕事は何でもやった。公園、庭園、広場、植物園、建築、橋梁、博覧会場などの設計をこなした。

でも技術が伴わなかった。造園設計しかできないのに、会社は容赦なく仕事を取ってきた。私の態度もいけなかった。できもしないのに「やらして下さい」と自ら担当者に名乗り出る始末。さすがに「橋の設計をやれ」と言われた時は困った。建築と橋は設計の共通点があるものの根本的には異なるからだ。

そこで、関連書籍・図面を収集し、設計ノートにまとめ、通勤電車で新聞代わりに読み込む手法を取った。少し知識が付くと、橋梁設計のパートナーを探し協同チームを組んだ。全体のマネジメントを私が担当し、パートナーにはエンジニア部門を担ってもらった。その後、この方法が私の仕事のスタイルとなり、展望台や文化財展示などの設計と、仕事の幅を広めていった。

昭和55年頃から平成の初めにかけて、大規模ニュータウンの開発ラッシュ、新幹線の全国網整備の展開とビッグプロジェクトが目白押しで、あまりにも建設市場が豊かなために、外国企業から市場開放を迫られたほどだ。

会社の売り上げも右肩上がりで、国際花と緑の博覧会の会場計画時には、冬のボーナス袋が札束の厚みでピンと立ったほどだ。そのような時代にあっても造園コンサルタントは仕事のえり好みをせず、何でも食らいつくことが大切である。下手に断ると二度と仕事が来ないからだ。

抱える仕事が10本を超えると、躊躇なく人を使うことをお勧めする。その場合、丸投げは避けるべきだ。主要部分は自分でやり、枝葉のルーチン作業を他者にやらせるべきで、それを怠ると腕が落ちる。

大切なのは人間関係である。お付き合いいただいたお役人、学者とは技術屋同士ゆえに、いつしか心が通い合い、還暦を過ぎた今も交流を楽しむ。

下目に見られる楽しさ

経験を重ねるほど仕事は面白くなった。入札一本で知らないお役人と知り合えるからだ。地方に行くほど深みに入る。手懸けた公園に子どもを連れて遊びに行くと、お役人のご家族とばったり、自然と話が弾む。このような楽しいことが重なったものの、仕事ではこんな経験もした。

土木のお役人から、構造物の設計をすると、「君、構造計算できるんか？　職業高校やったらそんなこと習ってへんやろ」と、言われたことがある。事実、未だに三角関数がわからない私には、構造計算は未知の世界だった。でも、その体験が夜間短大建築学科に通うエネルギーになったのは確かだ。

技術屋の世界とはまことに不思議なもので、すぐあいつは技術力があるとか、ないとか差別化を図る人がいる。何をもって技術力があると言うのか、デザイン力、プレゼン力か、私にはよくわからなかった。

でも私たちコンサルタントは、仕事欲しさにへり下るところがある。クライアントがお役人の場合、そのポジションに対してへり下るのであって、決して人物ではない。そこを勘違いしたお役人が上から目線でおっしゃるのである。事実、プロポーザルでは不採択理由を掲示され社名を晒された。このときほど情けない思いをしたことがない。

文章修業も繰り返すが「職業高校出やろ」と言われ、文章が書けないことを冷やかに指摘された。と思えば「中橋君の文章はタヌキがポンやで」と笑われたこともある。いきなり文意が変わるからだ。そのときは照れ笑いで返すのが精いっぱいだったが、内心は「この野郎」と思った。でも、どうにもならなかった。自分が未熟だからだ。

そのように言われるたびに腹を立てていたが、そのうち、それを逆手にとることを思いついた。打ち合わせなどで初めてお会いする人に、予め私は「職業高校出ですので、難しい話はわかりまへん」と挨拶するように心がけた。すると出席者は冗談と思い、一同どっと笑いが起こり、和やかな雰囲気となり議論も展開し、誰も私のすべった発言に、目くじらを立てる人はいなくなった。ここに、下目に見られる楽しさを感じた。できる能力で真摯に対応すればよいことに気付いたのである。

資格に挑んだ

造園コンサルタントゆえに資格が求められる。しかし、多くの技術者が間違うのは「資格さえ取れば技術者として認められる」という錯覚に陥ることだ。

法律上、国の許可を得て設計業を営むならば、わが国には技術士法、建築士法が存在し、国家試験に合格し監督官庁に登録したら管理技術士、管理建築士の資格が付与され設計業務ができる、がこれは建前である。

本音をいえば、そのような人（高給取り）は会社に一人いればよい。後は腕の立つ技術屋がいれば、それで仕事はできる。「デザインが上手い、構造に明るい、調整力がある」。そのようなスタッフがそろってこそ、造園コンサルタント会社や建築設計事務所は繁盛するのだ。

建築士資格を持たない著名な建築家も存在する。しかし、仕事を受注するには資格が必要ということで、私は26歳で一級建築士を、38歳で技術士（建設部門 都市及び地方計画）を取得した。

建築士は建築士法の下、国土交通大臣が免許証を出す国家資格である。建物の規模、種類、構造の違いにより、一級、二級建築士に分かれ、設計業務を営むには一級建築士事務所登録は国土交通大臣に、二級建築士事務所は都道府県知事に、それぞれ登録しなければならない。

受験資格は、一級建築士の場合、大学建築学科を卒業すれば実務経験2年を経て、二級建築士は工業高校卒業の場合、実務経験3年を経て、それぞれ受験できる。私達の頃は、大学の建築学科を出ていれば一級建築士は取って当たり前と言われた（ウソである。一級建築士でも取らないと相手にされないから取った。技術士も同じだ。）。しかし、近年では耐震偽装事件、繰り返される地震で試験が難しくなった。試験は筆記と製図に分かれ、手こずるのは製図である。私はスケッチブックに素早く建物を設計するトレーニングを繰り返すことにより、何とか合格した。

一方、技術士は技術士法の下、文部科学大臣が登録証を出す国家資格である。わが国における技術者の証明書ともいうべき資格で、造園コンサルタントの場合、国土交通省より建設コンサルタントが許可され、公共造園のコンサルタント業務が営める。

受験資格は私の時代（平成3年）、大学卒業後7年の実務経験を要したが、近年では大学卒業と同時に技術士補が受験でき、取得後、技術士の下で実務経験を4年積むと技術士試験受験が可能となる。合格率は10％程度。私は4度目で合格した。大学の受験勉強の経験はなかったが、19年遅れで四浪の気分を味わったことになる。

技術士試験は当時、試験時間は午前3時間、午後4時間を要し、計1万字程度の論文を書くことが要求された。当時の試験室には空調設備がなく、午後になると西日が射し込み灼熱地獄に陥り、鉛筆を握る筆力が低下するという過酷な受験環境下で、まさに作文のマラソンである。

私は3度落とされ、4度目は背水の陣で挑み、奇策を講じた。設計した公園の理論に、東京農業大学江山正美教授の名著『スケープテクチュア』（鹿島出版会）からヒントを得て、快適な景観とスラロームの見え方を答案論文に書き、合格通知をいただいた。正直言ってこれはでっち上げだったが、こうでもしない限り技術士試験には受からなかっただろう。

このほかに一級造園施工管理技士を25歳で取得した。国土交通省所管で造園工事を監理するにおいて、所定の工事金額を上回る場合、また建設業法に基づく工事許可を得る場合、会社の有資格者として求められる資格だ。

もう一つ、最後の資格として50歳の時、登録ランドスケープアーキテクトを取得した。一般社団法人ランドスケープコンサルタンツ協会から出たが、切り替え制で、更新手続きが難しく、放置していたら有効期間が切れ失効した。このように、近年は免許が更新制に切り替わってきたので注意しなければならない。

このような資格試験が社会に出れば待ち受けている。だが、資格を取れば少しは自信がつくものの、技術の中身が伴っていない人も多い。私見だが1回の試験よりも積み上げた作品、論文などを評価する方がよいと思う。技術というものはペーパー試験だけで判定できるものではないからだ。国家資格でも近年では「足の裏の飯粒」と言われている。取らないと気持ちが悪く落ち着かないが、取っても食えないのが現実だからだ。

論文に挑んだ

キャリアの磨き方だが、決して上級の学校に行くことや資格が取得できればよいというものではない。論文を書くのがよい。初めは稚拙な文章である。本を読まないのに書くのだから、読まされる方はたまったものではない。しかし、書き続けることが大切だ。私は若い頃、手当たり次第、雑誌や新聞の懸賞論文に投稿した。腕試しが目的で落選続きであったが、次第に小銭が稼げるようになった。審査に通り活字になるのが嬉しかった。書くのが好きだからせっせと投稿した。思い出深い投稿を思い出してみる。

環境緑化新聞の「みどり提言賞」に、公園緑地管理財団（現公園財団）が募集していた、国が整備を進めている国営公園を舞台にして「公園は夢の玉手箱」に、タイトル「コンテナガーデン名人大会」で応募すると採択され、奈良県に立地する飛鳥歴史公園でやったことを書くと入選した。自宅の庭いじりを家族でやる楽しみを書いた。いわばライフワークだ。イベントの目玉に売れっ子デザイナーを呼べばとひらめき、当時NHKの「趣味の園芸」で活躍されていた、園芸家の杉井明美さんを東京からお呼びすると、テレビの力は凄いもので当日はファンで賑わった。入選賞金として3万円もらった。

スポーツがらみでは「2008年大阪オリンピック‼応援団（団長辻口信良弁護士）」から、大阪オリンピック会場予定地の大阪湾に浮かぶ舞洲の森づくりの相談を受けた。「来てくれ、浪速にオリンピック」のフレーズが素晴らしい。誘致運動では、皆さんの意見をお聞きし、参画と協働の森づくり案を提案した。2008年の開催ということで、「近所の公園や里山から2008個のドングリを拾い、皆で森に育てよう」を会場計画のフレーズにした。

森づくりのプランは大阪市が検討する会場計画に盛り込まれたものの、オリンピック誘致合戦で北京に敗れ日の目を見ることはなかったが、プランは産経新聞が記事にしてくれた。「20世紀は自然破壊が繰り返された。21世紀は地球環境を保全し復元する時代。未来に微力ながら貢献するため、大阪五輪をきっかけに、みんなで森をつくろう」と呼びかけた。招致レースは惨敗だったが記憶に残る投稿だった。

その後、造園学会に入会し、査読付き論文の存在を知った。二人のレフリーが付きジャッジを受け、通れば査読付き論文として、学術誌に掲載され全国大会で発表が求められる。博士取得には、これを3本取得と定める大学がある。当時、私は大学院で博士論文を書いており、査読付き論文が必要であったことから投稿したが、結果は全敗であった。落選結果を分析すると、どうも考え方が飛躍的で、検証不十分とのこと。

そこで、5年間継続した大阪府営公園の遊具事故防止の研究をリスクマネジメントにまとめ投稿した。当時、遊具の事故が頻発し「お父さん危険な遊具は片付けて」と、叫ぶ子どもの声が胸を刺す。結果は採用、既に鳥取環境大学の教授となり、もはや査読付き論文は必要としなかったが、念願が叶い嬉しかった。まさに五十路の春の思いをした。

今、書いているのは業界新聞記事、鳥取県学術研究報告書、大学紀要論文、学会報告録、そして査読付き論文である。

このように論文を書いてきた訳だが、趣味、経験、調査に基づき書いてきた。特に経験に基づく場合が多い。科学的ではないと指摘されることがあるが、私は決してそうではないと思う。造園の技術は庭づくりに代表されるように、感性が大切にされるからだ。経験と信念と科学性を持って書くことが重要で、落とされても信念は曲げないことだ。

学校に行った

技術を補うために、造園コンサルタントの経験を積むなかで基礎学力不足を痛感し、昭和48年から2年間、今は廃部になった大阪工業大学の夜間部である短期大学の建築学科に進学した。時代は日本列島改造論の真っ只中で、建設業界は活気が溢れていた。学生の大半が経済的な事情で、昼間部の大学に行けない若者たちだった。

会社からは5時帰社を許され、おまけに学費手当てを支給していただいた。「行って来ます」と5時に会社を飛び出し、デートをしているところを同僚に見られ、上司から「どこの学校に行ってるんや」と皮肉を言われたこともあった。苦笑いの思い出である。でも、そこでの2年間は充実していた。夜食をとると睡魔が襲うので取らない。空腹との戦いでもあった。

ここでも悩まされたのは数学を基礎とした構造力学である。微分を用い、建築が地震に耐える構造計算を解かなければならなかった。三角関数が解けない、私にはチンプンカンプンだった。案の定、単位を落とした。しかも必修である。2年次に取得できなければ留年になり、次は退学である。

そこでとった方法は、構造計算の模範解答を暗記し、計算の過程を覚え、数字を変えられても対応できるよう、何度も反復計算を繰り返した。すると幾分、応用力が改善され、試験問題もラーメン力学の計算問題が出された。ラーメン力学とは鉄筋コンクリート造り、鉄骨造りにおいて、梁と柱が緊結され強固な構造体となり、地震・風力などに対応する構造を数学的に安全であることを立証する力学を言う。山が的中した。ようやく合格点をもらい、ことなきことを得た。

当時も、そして今も幾分かはそうだが、学校と社会との繋がりが切れており、往来することにより実学を学ぶという視点が、学校教育の制度には抜け落ちているのではないか。

私はもう少し勉強したいと思い、内心は高校教員免許取得のため、短大卒業と同時に、繰り返すが、今度は大分市にある大分工業大学（現日本文理大学）の3年に編入学した。昭和50年、22歳の時である。会社に内緒で決めたので経営陣から大目玉を食らい、「首や」と言われた。お詫びの気持ちと思い私は頭を丸め、青光る剃髪の頭を下げると、役員陣は「ギョッ」とされた。しばらく無言の時間が流れたが「仕方がない奴だ」と苦笑いされ、なんとか休職扱いにとどめていただいた。正に「剃髪」の一戦であった。お陰で2年間、人並みの大学生活を楽しみ、53年に復職した。

それから24年後、48歳の時、今度は仕事の新しい領域を探すために大学院に行きたくなった。「学校に行きたい病」が再発したのである。社会人大学院制度が後押しし、今度は頭を丸めることなく関西学院大学の門を叩いたのである。そこには昔の夜間大学という後ろめたさはなかった。授業は昼夜開講で、娘ほどの同級生から「中橋さーん」と、遠くから手を振られ心がときめき、華やかなキャンパス生活を楽しんだ。学費は年間120万円もかかったが、行くだけの値打ちはあった。仕事の集大成をまとめることにより修士の学位が取得できるからだ。

今日、勤務形態の変化、就学年齢の多様化、IT技術の発達、社会人大学院制度の充実普及などにより、学業のスタイルが多様化してきた。それは、学ぶことの選択肢が増えたことを意味する。

このような教育環境の多様化をどのように受け止めるのかは、個人の価値観をどこに置くのかで決まる。学歴がなくても仕事に誇りを持ち、楽しめれば中高卒でもよい人生が過ごせよう。でも私は人生の価値観を上級学校で学ぶことに置いた。それは青年時の忘れ物を取りに行くようなものであった。

海外に出た

造園コンサルタントとして腕を磨くにはどうすればよいのか考えた。やはりよい作品を見て、そのデザイン、使われ方を理解するのが手っ取り早いと思い、海外の街並み・建築・庭園などを見て回ることにした。

24歳の時、ヨーロッパを皮切りに、これまでに東南アジア、アメリカなどを回った。ヨーロッパの街並みはまるで彫刻のようで、庭園の幾何学的なデザインには圧倒された。印象深かったのは、アントニオ・ガウディが設計し、今も工事が続くスペインのサグラダ・ファミリアで、そのスケール感と時間軸に感動した。

二度目は平成22年、イギリス南部の庭園調査であった。レンタカーを借りて5000㎞ほど走破した。かつて貴族の住まいであったが、今日はナショナルトラストで運営されている庭園を見学した。どこを見るのかと言うと、空間造りにおいて、大地への順応さを見ることに心がけた。いかに自然と調和しているか、その手法は何かを読み取るのである。

平成18年、韓国ソウル市のチョンゲチョン（清渓川）の視察は弾丸ツアーだったが、18万台／日の交通量を誇る高架道路を取っ払い、地下に埋まっていたチョンゲチョンを再生復元し、自然環境に配慮した河川として蘇らせた当時のソウル市長の李明博氏の辣腕に舌を巻いた。後の韓国大統領でもある。ここで学んだのは、わずか3年足らずで大事業をやり遂げたマネジメント力の凄さである。私たちは、ややもすると建築や庭園などのデザインばかりに目が奪われるが、難関事業をいかにしてスムーズに事業化させるか、これが大変な作業である。従来は行政が担うものであったが、近年では造園コンサルタントにもマネジメント力が問われ始めた。

その視点は「誰もが共鳴する理念とは、誰もが楽しめる管理運営プログラムとは、収益事業による財源確保とは、誰もが公平で対等平等な組織のあり方とは、経済効果に留まらない万民に受け入れられる評価基準とは」などであることが、大学院での研究でわかった。

中国には5回ほど訪問した。北京、雲南、広東、昆明、香港、上海、大同などを回った。驚くべきは発展のスピードである。昭和55年頃の北京は、やっと高速道路が開通したところであったが、平成24年の訪問時は北京市内には蚊取り線香のように高速道路が配され、その発展ぶりに驚いた。このほかに、ニューヨーク、ハワイ、グアム、ブータンを回った。

さて、こうした視察を繰り返すうちに、写真に加えてスケッチを描くようになった。スペイン、バルセロナのサグラダ・ファミリアがきっかけである。それからだろうか、常にスケッチブックを持つようになったのは。下手だがこれがアイディアの源になる。旅先の景色、人との出会い、思い出などを描く。空間の認識度が違う。それがよい資料になる。お手本は片寄先生だ。

仕事はこうした

造園コンサルタントの仕事は37年間で８００件ほど手がけた。主に国、地方公共団体、公益法人などから設計委託を受けた。勤務先を通しての受注で、私は一従業員に過ぎなかったが当時の社長が私の好きなように仕事をさせてくれた。

スタッフ20人程度の造園コンサルタント会社は、社長が所長で先生でもある。したがって、このスタッフは社長の手足となり、社長が考えた設計を具体化する作業マンにしか過ぎないのだが、ここでは違った。社長はスタッフ個々の才能、人間性を尊重され、仕事の基本方針は示されるものの設計実務は全面的に任され、責任を取るという仕事のスタイルがとられた。お陰でのびのびと仕事ができ、スタッフの才能がいかんなく発揮され、大学教員、デザイナーなどが育った。

やや自省を込めて振り返ると、私はパソコン音痴で、会社の重荷になっていたのではないかと反省する。思い出深いプロジェクトは、駆け出し時代とコンサルタント卒業期にあった。次に紹介する。

兵庫県伊丹市昆陽池公園は昭和47年、二十歳の時に現場監督補助を命じられ、26haのため池の真ん中に日本列島をつくり野鳥公園にした（写真1）。

整備後40年経過した今日、島にカワウが住み着き、先住民のカモなどを追っ払い日本列島を占領し、強烈な酸性の糞が木々を枯らして今日、死の島と化した。そこは鳥獣保護区に指定されており、うかつに手を出せない。カワウは法律に詳しいのか。対策として、カワウの巣の卵を擬卵にすり替え繁殖を抑え、陸地には植樹した。その結果、徐々にではあるが緑が増え、自然が蘇りつつある。

京都の小倉百人一首野外文芸苑事業には平成15年から18年にかけて設計・監理に参加した。事業主の京都商工会議所、創立120周年記念事業のプレゼンテーションに挑み受注したプロジェクトである。平安時代の歌人、藤原定家が全国の名歌から百首を編纂した小倉百人一首をモチーフにしたものである。事業費は3億円。標石1基300万円の募集をかけると、任天堂、同志社大学など、京都を代表する企業・大学から寄付金が集まり100基建立された。税金に頼らない文化事業のあるべき姿を教えてくれた。ここに京都企業の矜持を見た。京都を訪れたら是非、嵐山・嵯峨野に足を伸ばしてご覧いただきたい（写真2）。

さて、こうしたプロジェクトの積み重ねが大学教授の下地になったのは間違いないが、今、振

写真１：日本列島は鳥の糞に混じった樹木の種子が発芽して樹林化したが、棲みついたカワウの糞で全滅した（写真は伊丹市提供）

写真２：定家の歌　藤原定家の末裔、冷泉為人氏の御揮毫による小倉百人一首野外文芸苑　野々宮地区

り返ると、決して学校で学んだ建築や造園の知見だけでは対応できず、土木、生態学、文学、政策などの知見が必要だった。コンサルタントの適応性はここを問われた。設計ミスが続き、まともに罵声を浴びたこともあったが、次は喜んでもらおうとせっせと資料をつくった。己の能力には限界があるので他人の力を借りた。こうして、私は知らず間に仕事を通してクライアントから鍛えられたのである。

仕事をスムーズに進めるために、社会貢献は必要である。慈善事業、ビジネス、個人のスキルアップなどが複雑に絡み合う。そこに実は地域住民、コンサルタント、ボランティアの本音と建前が見え隠れする。問題は本心をどこに置くかである。それが難しいのだ。人間誰しも、評判がよいと言われたいものである。その気持ちがボランティアを後押しするのだが、作業に従事すると利益が生じないことから結構辛い。

その場合、技術はビジネスを通して磨かれる場合が多い。職場環境が左右する。そこで培った技がボランティアに活きるのだから、どうしてもビジネスと切り離すことができない。仕事を取り、会社に利益をもたらすことにより、雇用人としての命が長らえるという下心が動く。会社もそこを期待している。営業活動に該当するからである。

何事もキャリアが深まると、居住地、業界、学会、大学などから委員、講師の依頼が来て担ぎ出される。でも、会社から見れば生産力が落ちるので「程々にしてくれ」というのが本音である。コンサルタントはここを勘違いしてはいけない。役所に出向く経費は会社が負担していることを。役所は負担しないのである。

これが大学の先生になると、社会貢献が大学のＰＲになるから、大いに推奨される。行政の方向性を決める案件には必ず委員会が設置され、引っ張り出される。教員の給料には教育、研究、大学運営、社会貢献などが盛り込まれているので正々堂々とできる。

不公平かもしれないが造園コンサルタントは間違ってもビジネスと、趣味の社会貢献を同列に扱ってはならない。根本的に性格が違い、利権を巡り、対立関係に陥る恐れがあるからだ。

これが不思議なことに利権が絡まない趣味の場合や、人助けの場合は、積極的なボランティア活動に変化する。そこにはノルマやシバリがないからである。志を同じにする方々との交流ほど楽しいものはない。私はこのような活動をボランティア・レクリエーションと名付けた。

ボランティアのコツは、金銭を要求しないことである。いただけるものはもらえばよいが、ない袖がふれない場合は、自ら望んではいけない。それは本業で稼ぐことをモットーにした。本音は欲しいのだが、あぶく銭を当てにすると本業がおろそかになるからだ。

仕事は赤字の連続だった

このように仕事はのびのびとやらせてもらったが、実は私の仕事は儲からなかった。それもそうだろう、クライアントの喜ぶ顔見たさに、あれもこれもと、契約書以外の仕事をサービスでやるものだから、あっという間に利益を食いつぶした。

設計の仕事というのは、設計料の中でかかる人件費を算定し、そのなかで納めることにより利益が出る仕組みになっている。したがって担当者は、はじめに予算計画書を作成し（カルテと呼ぶ）、その数字を意識しながら仕事をするのである。それでうまくいけばよいのだが、そうはいかないのがこの世界である。

構想を練り、原稿を書き、図面を描く。クリエイティブな作業ゆえに知らぬ間に没頭し、時間は恐ろしい速さで流れていく。よりによって凝った設計になれば多くの図面を描く羽目になる。見方によれば、あれは「設計屋のマスターベーションや」と揶揄される。

私は設計センスがなかったものだから、変な構造図を描いて現場を困らせた。造る方も大変らしく現場に行くと嫌味を言われた。こうなると最悪だ。喧嘩腰のモノの言い方になる。会社からは睨まれ、スタッフからは嫌がられ、現場に出ると怒られる。それでも、仕事は楽しかった。自分で絵にしたのができるのだから。

でも「いつまでやってるんだ」とよく言われ、ムカッときたことは数え切れない。そのうち「また言ってる」と開き直るようになった。ここに経営者と雇用人の違いがある。いつしか、仕事は赤字街道をばく進していた。でも、改めようがなかった。

そのうち仕事を自宅に持ち帰るようになった。風呂敷残業だが造園コンサルタントというのは不思議なもので、いくら時間を使っても罪の意識がないのである。それどころか、時間をかけるほどよいものができると思い込んでいた。紙と鉛筆の商売だから「赤字になるはずがない」と信じていたところがある。こういったことが重なり、いつしか会社では「赤字の王様」と言われるようになった。

でも、不思議なことに担当したお役人とお友達になれ、徐々に仕事が舞い込むようになった。

安い設計料で迷惑をかけたと思うお役人が仕事をくれるようになったのである。そうしている内に予算取りの資料を作ってくれと頼まれるようになった。私はほいほいと企画書を出すと、それで予算がついた。すると、翌年仕事が舞い込むのである。それでなんとか仕事の赤字を営業の売り上げでカバーして、会社に置いてもらえたのである。

でも今日は、そうはいかない。この方法が公となりプロポーザルと名前を変えて、技術と価格の真剣勝負の時代を迎えたのである。不思議なことはデザイン力を文章と価格で競わせることである。審査するお役人も気の毒だ。センスのない人には相当辛い仕事に違いない。

芸術家がアイディアを捻り出す時にどの位時間を使うのだろうか？ ピカソのような天才画家は作品を仕上げるのにどれ位時間を要したのだろうかと、つい聞きたくなる。そんなことに目くじらを立てるよりも、よく遊び、よい作品を見て頭脳を軟らかくする方が気分転換となり、能率が上がるのではと思うのは私一人だろうか。

3章

クロスボーダー世界の社会人大学院

社会人大学院があった

やりたい仕事をほぼやり遂げ、新しい領域はないかと思案していたところ、新年の互礼会で、常日頃より尊敬する地方公務員のT・Mさんとお会いした。公園緑地行政を担当され、同志社大学の総合政策学部でまとめられた修士論文を造園学会誌に発表された直後で、私はうらやましいと思い、社会人大学院についてお聞きし「あー、このような方法があったのか」と、正に目から鱗の思いがして、その夜は興奮してなかなか寝付かれなかった。その日を境にして、日々大学院への憧れが高まった。

ちょうどその頃であろうか、大学は安定経営を目指すため、経済的に余裕のある社会人を新たなターゲットに捉え大学院部門を拡大していた。文部科学省大学審議会答申の「大学院生受け入れの量的整備の必要性」が追い風になった。

早速、どのような大学があるのか、ウェブで探したところ、関西学院大学大学院総合政策研究科がヒットした。そこには大分工業大学時代の恩師、故大久保浩孝先生の盟友である片寄俊秀先生がいらっしゃった。専攻をまちづくりとされ、キャンパスが自宅から近いところにあることから「思わず行きたい」気持ちがこみ上げ、迷わず進学を決意した。

翌日、社長に大学院受験でお願いに上がると「またか」と驚かれ、「中橋君の学校に行きたい病が再発したな」と言われた。そして「これは役員会にかけなければ」ともおっしゃられ、緊急役員会が開催された。

私も役員の末席に座らされていたので、自らのことで役員会が開かれ変な気がしたが、結果は満場一致で受験が認められ、再び頭を剃ることはなかった。社長に推薦状をお願いすると、自分で書け、判子は押すからと言われた。太っ腹だ。

社会人大学院の最盛期は平成21年で、全国の大学院生数は約7万8000人にのぼった。しかし、大学院の乱立と今日の経済不況で、徐々に院生が減り始めている。とりわけ、公立大学が大幅に学費を引き下げたために、私学の大学院市場は大打撃を受けた。

JR大阪駅前には、大学のサテライトキャンパスが乱立していた。関西学院大学、宝塚大学、少し離れて関西大学と、そこに大阪市立大学の都市創造学科が殴り込みをかけた。60万円程度の学費と市大というブランドが院生をさらっていった。

私は阪神間（兵庫の東端部）の川西市に住むことから、阪神地域に馴染みの深い関西学院大学（兵庫県西宮市・三田市）に憧れていたので迷いはなかった。もちろん、片寄先生がいらっしゃったからだ。

入学試験と受け入れ態勢

私が受験したのはまだ景気のよい平成11年で、関西学院大学大学院総合政策研究科前期博士課程を受験した。試験は書類審査と面接のみで筆記試験はなかった。書類として求められたのは研究計画書が小論文に近く、当時の法定計画「緑の基本計画策定の課題と対応策」について書いた。面接試験の勉強は受験の目的、学びたい都市マスタープラン策定における緑地計画について、世界・日本の趨勢を整理し、自分のビジョンを持った。

このように準備し面接試験に挑み合格した。だが近年は不況のため受験生が激減し、大学経営の問題になっている。京都産業大学では博士課程の学費無料制度を打ち出し話題を呼んだ。2008年度ノーベル物理学賞受賞の益川敏英教授を抱える強みでもある。こうした方法が国公立・有名私大にも普及し、私のような無名大学出身者が、旧帝国大学には及ばないものの、ある程度のレベルの大学院に入れるようになり、最終学歴に華がつくという現象が生まれた。

私は平成12年4月、関西学院大学大学院総合政策研究科博士前期課程に入学した。関西学院大学は阪神間西宮市の山手にあり英語の専門学校として創設され、125年の歴史を持つ（写真3）。宣教師・建築家として知られるヴォーリズが設計した上ヶ原キャンパスは、正門から芝生広場、スパニッシュ・ミッション・スタイルの時計台、そして甲山の景観が続く。総合政策学部の大学院とはどのようなものか、入ってから初めてその意味を知った。

コースとして国際、経済、金融、都市政策、環境などがあり、私は緑地計画の領域を持つ都市政策を選んだ。

授業は昼夜開講で、私は夜間5時半~9時、土曜日は朝9時~夕方5時までの授業を組んだ。取得すべき単位は30単位で、論文を書くことにより修士が授与される。興味深いのは、2年次はほぼ論文の執筆に時間が費やされ講義はなくゼミの連続だった。

これが面白かった。片寄先生の授業は体験談に基づくもので、大阪府企業局が手懸けた千里ニュータウン事業では用地買収に苦労され、地主から同意を取り付けるのに夜討ち・朝駆けの連続と聞き、お役人の仕事も大変であることを知った。その点、造園コンサルタントは役所が用意さ

写真３：芝生広場、時計台、甲山へと続く、関西学院上ヶ原キャンパス
出典：関西学院カレンダー

れた土地を設計すればよいのだから気楽なものだ。

こうした授業はアカデミックな路線から外れるが、実学とはこのようなものである。ニュータウンの設計や歴史を学ぶ背景に、実話を聞くことにより授業に臨場感が高まる。

キャンパスが兵庫県西宮市の上ヶ原キャンパス、三田市の神戸三田キャンパスのほかに、ＪＲ大阪駅前に大阪梅田サテライトスタジオが設置され、こちらへの通学時間は会社から20分程度でありがたかった。

夜の授業は5時半から9時までで、もちろん社会人が多かったが学部出身の学生もいて新鮮だった。驚いたのは立命館大学の院生が来ていたことである。単位互換の制度を利用し、京都から通っていた。

社会人大学院の受け入れ態勢は夜間短大時と比べ大幅に改善された。ＩＴ技術の進化が目覚しく放送授業が可能となるが、それが決してベストではない。やはり、集まって学び、議論することが大切である。テレビ会議でもできないことではないが、迫力と人の温もりはテレビ・

ラジオでは伝えられないのである。

授業風景

近年、社会人大学院に求められるニーズのなかに資格取得があげられる。法科大学院、専門職大学院がそうである。大学院が高度な職業技術の習得の場に変わりつつある。現実的には法科大学院は飽和状態であり、合格者数が低迷した大学では院生が集まらず、平成25年（２０１３年）3月、姫路独協大学は法科研究科を廃止、桐蔭横浜大学法科大学院と大宮法科大学院は統合され、既に淘汰が始まっている。

修士課程の2年間は刺激的だった。専門科目は環境アセスメント、都市マスタープラン、外交プロジェクトなどの実務がずらりと並んだ。それもそうである。教員には環境省、国土交通省、外務省などの元キャリア官僚が並び、最先端の国家プロジェクトを紹介していただいたからだ。

授業は40人程度の講義室がいっぱいになるほどで熱気に溢れ、院生は先生の板書を食い入るように見つめた。それは神聖なひとときで、居眠りする者はいない。特に社会人院生は学問に飢えていた。土曜日は早朝から出向き、学部出身の若者との交流の輪が広がった。利害関係がないせいか、気持ちよく付き合えた。

授業の進め方だが、当時はパワーポイントよりもＯＨＰの方が多かったように記憶している。板書も加わり授業に迫力があった。ところが今日のパワーポイント主体の授業はどうも紙芝居風となり、板書も減り、軽い印象は否めない。

過ちも犯した。年下の教授からレポートの課題を出され、引用文献に教授の著書を用いた時に名前の敬称を付け忘れ、気分を害されたことだ。私の行為がプライドを傷つけたのだろう。また、当時、「ジャパンフローラ2000」という人と自然のコミュニケーションをテーマとした博覧会が淡路島で開催されており、たまたま授業で教授が会場計画について得意顔で話されている時に、計画を担当した者として意見を言うと、場が白けてしまった。

このようなことがしばしばあったが、なかには教授の板書の誤りを指摘する強者が院生にいて、若い教授が「すいません」と謝る光景が新鮮だった。私は休講になると「一コマ3万円の請求書を大学に回す」と発言し、教授から嫌われた。どうもここでは、このようなことを露骨に言うのは禁句らしい。

ウィークデイの授業終了後は、片寄先生と近所の居酒屋で杯を交わすのが定番となり、そこでの議論が刺激的で毎夜午前様だった。

修士2年はゼミ配属となり、合同授業が減り同級生と机を並べる機会が減った。その分、片寄先生のお話が間近に聞けた。片寄先生は何事にも先見性を持ち、国土を流域で捉えられる空間論はスケールが大きく、先生の一語一句に感銘するとともに学習の基本技と、時代を捉えた視野の広い空間作りの作法、並びにまちづくりの技を学んだ。

そして、何事にもゆとりを持たれ、かつ豪放磊落でありながらも冷静沈着に取り組まれる姿勢に感銘し、私は次第に片寄先生の虜になったのである。

修士課程

平成12年4月から同14年3月まで修士課程に在籍した。社会人の研究ゆえにバックボーンがあることから、学部出身の院生とは異なる。仕事の集大成が研究になるからだ。己に蓄積されたスキルを上手く使う、それが社会人大学院生の本音ではないか。同窓の研究論文を見ると、まちづくり、福祉対策、商品開発、教育と多様で見事に職業を表していた。

私の場合は片寄先生から「パークマネジメントをやったらどうか」と言われたが、私は公園の清掃除草などのメンテナンスの研究と受け止め強く反発した。しかし、片寄先生は、こうおっしゃった。「もう公園整備の時代は終わったぞ。これからは管理の時代だ。それを公園経営という考えで取り組んだらどうか」と、そして「これまでやってきた公園設計の集大成にもなるぞ」と、言葉を続けられた。しかし、私は片寄先生の言葉を強く否定した。それは役所がする仕事だろうと思い込んでいたからである。

そのような時に、近所の公園で子どもと紙芝居を見た。紙芝居ビジネスのきっかけとなるヤッサンこと、安野侑志さんとの出会いであった。公園での紙芝居に多くの子どもたちが集まるのを見て、それが公園の魅力を高める公園経営の一手法と気づき、論文を集め始めた。

すると、たくさんの論文が集まり、それは維持管理ではなく運営管理の論文だった。そこで、ハッと気づいたのである。運営管理という、公園を利用する人間の嗜好に基づく公園デザインの方法論があるのではと、思い始めたのである。マネジメントデザインの気づきであった。

当時の公園デザインの手法を振り返れば、計画地のポテンシャルを洗い出し、キーワードを導き、それをブラッシュアップして公園デザインに結びつける手法が主流だった。

このようなデザインと真っ向からぶつかったのがマネジメントデザインである。過去の歴史と、人間の行動が正面から対峙したのだ。今日でこそ、住民参加のまちづくり手法として定着し、コミュニティデザインの一翼を担うものであるが当時は未だ珍しく、私は研究を進めた。それは自分が取り組んできた仕事をまとめることで見えてくるのではと思い、人生の新たな道標を探るようなものであった。

ここで大切なことを発見した。自分でやりたいことを指導教授から否定された時の対応である。自分のやりたいことを主張してやるのもよいが、それが必ずしも指導教授の専門外であった場合、教授も気が乗らず、論文の質が落ちる場合がある。私の場合は片寄先生のアドバイスを受け、180度発想を転換してことなきことを得たが、そうでない時は苦労する。このようなことを経て、平成14年3月に修士論文を書き上げたのである。

博士課程

平成13年の秋、修士論文の目処が立った頃に片寄先生から「博士課程に来ないか」と誘いを受けた。私は修士課程修了後、仕事に専念する気でいたので博士課程に進学する気はなかったが「俺も後3年で定年を迎える、一人位、博士を育てなければ」とのお言葉に心を打たれ、進学を決意した。このお言葉が私の人生を変えたのである。

問題は入学試験だった。試験はここでも面接だけだったが、今は英語がある。2度の関西学院大学の大学院入学試験を振りかえれば、それは谷間を縫うような展開だった。うまく英語の試験が外れた年度に私の受験が重なったのである。運がよかったと今振り返っている。でも、英語力は必要である（ウソである。中橋は英語ができないので、外してもらったのがどうも真相のようだ）。

平成14年4月から17年3月まで博士課程に在籍。博士課程には講義がなく、博士請求論文を書き、審査を通れば博士が大学から授与される。博士論文を書くにあたり、アメリカの公園管理で発案されたパークマネジメントに注目し、いずれわが国にも導入されると思い、その原理を追究する方法として事例を重ね、方向性を見出すこととした。

当時、パークマネジメントは公園経営と訳されたものの、具体策は明らかにされていなかった。公園経営の実務は当時、公益法人が独占受託し、豊富な資金が国、自治体から流れ、経営の意識を持つ必要がなかったからである。

しかし、今日では不景気から税収がダウンし、行政の財政悪化を招き、指定管理者制度や、国の市場化テストなどが導入され、公園運営にも無駄を無くすことが求められ、公園経営が注目され始めた。日本の経済が不況に陥り、咲いた歴史の仇花でもあろう。

1年時はテーマ設定と既存研究の分析だった。パークマネジメントに的を絞っていたが、いかに実務に役立てられるかを考えた。そこで公園緑地の管理運営マニュアルづくりを目指し、2年時には資料収集に飛び回り、セントラルパークに足を伸ばした。荒廃した公園を、市民主体の組織が復活させたところに興味を持ったからだ。

写真４：氷河期名残の巨岩が風景に馴染む

博士課程の成否は3年の時間をいかに効率よく使うかにかかってくる。待っていては進まない。コツコツと資料を集め、毎日書くことである。唯一、英語の試験があった。1回目は失敗したが、2回目はセントラルパークの試験が出て、何とかモノにした。現地視察の成果が出たのだろう。振り返ってみよう。

平成15年11月、単身でニューヨークに向かった。到着は夜、感謝祭の前日でまちなみはイルミネーションで飾られ幻想的だった。翌日、早朝セントラルパークへ、摩天楼が日差しを遮る寒い歩道を急いだ。３５０haを1日で歩き回る計画だ。氷河期の名残を見せる巨岩の風景が出迎えてくれた（写真４）。

驚いたのは、公園の中心部に行くと周辺の高層ビルは見えず、深い樹林地、せせらぎ、湿地の風景が広がり、それは日本の里山と見間違うほどで、人工の緑地とは思えない場所があった。

翌日はワシントンスクエアへ足を運ぶ。テロの被災地復興現場グラウンドゼロ、まちなかの公園、そしてエンパイアステートビルを訪れた。グラウンドゼロに隣接するビルには生々しい傷跡が残り、思わず目頭が熱くなった。少し離れたところにあるバッテリーパークからは、海の沖合に浮かぶ、自由の女神をうっすらと見ることができ、グラウンドゼロとの皮肉な組み合わせに空しさを覚えた。

国内ではアミューズメント施設、リゾート施設、国営公園などを飛び回り、経営の実態を調べ上げた。

分析結果、公園経営は①陳腐化しない理念の構築、②収益事業と税金収入をにらんだ自立する財政計画、③集客力の高い管理運営プログラムの作成、④競争力を持ち変化に対応できる柔軟性の高い組織の構築、そして、⑤成果を発信し多様な評価を得る評価システムの構築などの方法を見出したのである。研究成果を当時委託されていた国営公園のマネジメントプランの試案に導入しパークマネジメントの礎とした。

今日、公園の管理運営市場には民間企業が参入し、受注を目指して公益法人との熾烈な闘いが繰り広げられており、公園経営のノウハウが求められている。

それを明らかにすることを博士論文の目的とした。このようにして調査研究で国内外を走り回り知見が蓄積し、多くの研究資料が入手でき博士論文の資料が集まった。

金策はこうした

修士課程の学費は入学金と授業料で初年度120万円支払った。2年目は100万円程度だった。子どもが幼かったので、学費の負担が少なかったのが助かった。金策だが、出所は空手道の指導料とへそくりである。大学院進学時の頃には300万円ほど貯まっていた。それを学費に回したのである。だから、家計には影響しなかった。

それで修士課程の2年間は乗り切ったが、問題は博士課程の学費だった。学費は3年間で400万円と読んだがどうしても足りなかった。しかし何とかなると思い進学した。すると驚いたことに特待生に選ばれ、学費が半額になった。それが2年続いた。片寄先生の計らいだった。

不思議なことは続くもので、会社からは想定外の決算ボーナスをいただき、家内には内緒で学費に回した。家計に入るお金をつまみ食いにしたのはこれ位で、博士後期課程の3年間を終えたのである。

このようにして、平成18年をもって、私の「学校に行きたい病」は完治した。学費・本代を振り返れば大阪工業大学短期大学、大分工業大学には500万円位、関西学院大学には本代も含めると700万円位は使っただろうか。結局、大学院の学費の大半は空手道の指導料とへそくり、関西学院大学の奨学金、並びに会社の決算ボーナスで乗り切ったことになる。

学校に進むにはお金がいる。私は大阪工業大学短期大学、大分工業大学、関西学院大学の学費に1200万円程使ったことになる。大分工業大学の生活費は親に負担してもらったが、後のお金は自ら稼ぎ出した。貯金もしたが貯まると学校に行きたくなった。本音は学歴にコンプレックスがあったからだ。だから、お金を学費に使うのにためらいはなかった。

生活は何とかなるものである。私のコンサルタント時代の給料は昭和47年にもらった初任給が確か4万円位だった。「私は、こんなにもらっていいのですか」と、上司に聞いたことを思い出している。

その後昇給し、ピークは大阪花博の頃で、年収は１０００万円をわずかに切る程度であった。その後、建設不況に陥り、コンサルタント時代の最後は７００万円程度と記憶している。

せっせと貯金して将来に備える手もあるが、お金を使う場合、人生のタイミングというものがある。その時には惜しみなく投資することをおすすめする。

現在の収入は、大学の給料に加えて委員料、講師料、鳥取県環境学術研究費、大学の特別研究費、年金などを含めると１５００万円位だろうか、還暦を越えても当分維持できそうである。定年（68歳）まで勤めると８０００万円位の金が転がり込む計算となる。一部上場のサラリーマンにはかなわないが、いつも身分不相応と思い、金は天下の回り物ということを実感している。

工夫はこうした

社会人大学院は二足のわらじを履くために、どうやって論文を書くのかが課題となる。時間の確保、文章力の充実などにおいて、創意工夫が問われるのだ。社会人大学院生の最大の悩みは研究時間の確保である。これは仕事に追われるビジネスマンすべてに言えることであろう。そこで、私がとった方法は生活時間の隙間の活用である。通勤時間、昼休み、打ち合わせ、出張の移動時間と意外にあることを知った。分刻みになることもあるが、それを積み重ねると、まとまった時間が確保される。

好都合だったのは遠隔地の出張である。長時間、新幹線や飛行機に乗れ、出張先では調整時間ができることから、意外と自由時間が取れ公園や喫茶店で原稿を書いた。時間というものは不思議なもので、仕事に追われ、とてもできっこないと思う時でも、打ち合わせのキャンセルなどで時間が降ってわいてくる。だから常に資料を持ち歩いた。犬も歩けば棒に当たるというが、私は「時間の隙間」によく当たった。

得意先の慰安旅行の機中では社長の隣に座らされ、本来なら世間話をして対応しなければならないところだが、私はこれ幸いと思い原稿書きに没頭したのである。すると社長は「けったいな奴や」とおっしゃり、苦笑いを浮かべられたのが思い出深い（でも、随分可愛がっていただいたが、今は故人となられた。合掌）。

避けたいのは帰宅してからの学習である。疲れて頭に入らないからだ。それよりもビールでも飲み、気分転換を図るべきだ。夜は明日の英気を養う時間にすると、割り切った方がよい。

趣味の空手道でも、合宿では稽古の合間の自由時間を利用して原稿書きに汗を流した。子どもの運動会でもせっせとペンを走らせ、家内と子どもたちから白い目で見られた。このようにして積み上げた時間は意外にあるもので、それを均すと1日3時間程確保できた。

次に原稿を書く場所だが、私はアタッシュケースを持ち歩くことから、それを膝に置けばどこでもデスクとなりペンを走らせることができる。特に電車は空調も効き快適な書斎となった。電車に乗ると、とにかく座ることを心がけた。特急などは使わず、各駅停車の電車が座れる率が高かった。

さて、こうした生活慣習を身に付け、時間、場所を問わず、書き物は毎日行うことが肝要である。とりわけ効果的なのは早朝作業である。頭が冴え、短時間に集中して作業すれば驚くほど作業が進む。気分転換は空手道の稽古だった。要は時間の複合利用である。すると、いつでも生活時間から学習時間が捻り出され、論文が書けるのである。

趣味を活かした

研究のあり方はさまざまである。ほとんどの研究者は大学、大学院に進み、専門分野を見つけ研究の道を歩まれる。なかには昆虫少年、植物少年がそのまま大人となり、生き物の世界を追い続ける人がいる。わが国の代表的な植物学者、牧野富太郎博士がそうである。氏は大学には進まれなかったが今日、著された『牧野日本植物図鑑』（北隆館）を凌ぐ図鑑はない。

つまり研究とは、大学院で学ぶだけではなく、そこで学ぶ以前の趣味やライフワークを活かすことが研究に結びつく。私は大学院に進み、片寄先生からパークマネジメントのテーマをもらったが、論文を書く際に悩んだ。文献調査、フィールド調査、公園設計の実務から見えてきたことを書けばいいだろうと思っていたが、それではパンチ力に欠ける。

その頃だろうか、高校の後輩からある業界紙に記事を書いてくれと頼まれたのは。造園、緑化に関わる記事が求められ、私の空手道振興スタイルが、地域コミュニティが対象となることから、緑化活動と共通するところがあると思い、次のように書いた。

コミュニティ活動の空手道の対象は子どもである。だから、優しくしなければならない。みんなでやるには「どのような稽古プログラムにすればよいのか」、誰もが参加しやすくするには「どのような場所、時間帯、月謝にすればよいのか」などを書いた。これは地域の人が協力して行うコミュニティ緑化と同じことである。記事のタイトルを「コミュニティ空手道から見たパークマネジメント」とし、環境緑化新聞に掲載された。

すると、読者のお一人から電話をいただき「今、公園を整備している、パークマネジメントプランを提案して欲しい」という内容だった。

その後しばらくしてから、公園遊具の事故が頻発し社会問題になった。その声が高まった2007年時に、「公園管理を担当する公益法人から「公園遊具のリスクマネジメントを作成してくれ」との電話が入った。これは一生懸命しなければバチが当たると思い、必死に取り組んだ。ここにも、昔子どもと見た紙芝居があった。それがきっかけで紙芝居の脚本を書くようになり、公園遊具の正しい使い方を紙芝居にまとめた。

さらに本研究は、会社の後輩永井君が遊具の新たな点検システムのソフトを開発し、特許を申請するまでのマネジメント業務に進化した。私は種をまいたに過ぎないが、その目的は、子どもが安全で楽しく遊べる公園遊具の本来あるべき姿を求めることにあった。

私はコンサルタントゆえ、普段は仕事欲しさに名刺配りの営業マンの如く、役所を飛び回っていた。大学院生になると新聞への投稿記事を書く機会が増え、それがきっかけで仕事が舞い込むようになった。初めは腕試しだったが次第に情報発信のツールへと姿を変えていった。このように、趣味を研究に活かすことにより知らぬ間に仕事の幅が広がったのである。

論文はこう書いた

論文を書く場合、主張したいことを論理的に書き綴ることは大変難しい。どうしても主観に陥るからだ。新たな考えを導く方法論はさまざまだが、思わず膝を打つような明快な論旨を見ることは珍しい。公園デザインの論文を書く場合、設計者のデザインを正当化する方法論を明らかにする手法について熟慮した。

わかりやすいのがファッションデザインやカーデザインで、消費者からは「お洒落、格好よい」などの評価が得られれば商品は売れる。デザインの考え方を消費者に科学的に、客観的に説明する必要はない。パンフレットに書かれている場合もあるが誰も読まないだろう。

デザインとはそのようなものである。ピカソ、ガウディのデザインには説明は不要だ。誰もが感動するからだ。しかし、並の建築家、コンサルタントがデザインを考えた場合、なぜ「そうしたのか」とクライアントから聞かれる場合があり、そのアリバイとして、私たちはデザインの考え方を書かされる。

だから、デザインの方法論が課題になる。そこで私は、公園のデザインは設計者の主観に任せるものの、でき上がった空間構成の説明に計画論を後付けする方法を試みた。例えば建築の四畳半の親近感のある空間を公園の片隅につくる場合、どの程度の広さにすればよいのか、と尋ねられた時、芦原義信先生（東京大学教授）が明らかにされた建物の内部空間の広さを屋外の外部空間に求める場合、内部空間の8～10倍の面積を確保せよ、というワンテンスセオリー論を刷り込んだ。同様にデザインの視点と対象空間の距離のとり方、つまり視覚的に見えやすい距離については身体寸法から割り出した黄金比のヒューマンスケールを用いた。この手法は、先に述べた江山正美先生が発案されたものを技術士試験に用いたもので、それを学術論文にも応用したのである。

景観を人工的につくる場合のお作法を述べたものだが、でき上がった空間を見ても、このような考えに基づきつくられているとは誰にもわからないだろう。つまり「鶏が先か、卵が先か」の議論と同じようなものである。要は学術論文を書く場合、いかに論理的に書くかは読み手がわかりやすいように、既存の技術を活用して工夫すればよいのである。

失敗を掘り下げた

私の博士論文は計画系の論文で、例が少ないということから指導教員の立場からすると、研究成果がプロジェクトに採用され、その通りにならなかったら恥をかくからだ。学者として避けたいところだ。したがって院生の博士論文の大方のスタイルは「分析結果をまとめ、ある種の方向性を見出した」と筆を置くケースが多い。

でも、私は建設コンサルタントゆえに、計画倒れでは物足りなかった。事実計画を実践し、成功も失敗もあり、分析結果に基づき論を展開する方法をとった。そして、できるだけ大風呂敷を広げた。この方法を片寄先生はドッシリと受け止められたのである。

興味深かったのはディズニーランド、ユニバーサル・スタジオ・ジャパン、ハウステンボスなどの管理者の意見だった。来園回数による割引制度の実施、誕生日にメッセージカードの郵送など、お客様をもてなすキメ細かな戦略を知った。

つまり、これらはアミューズメント、リゾート施設ゆえに、目的はキメ細かなサービスを提供し、収益を上げることにあった。しかし、私が研究対象とする公園は社会資本であるために、そこまでのサービスは求められなかったのである。

でも、利用者が低迷し、活気づかせるにはアミューズメント施設で見たサービスを大規模公園にも導入すべきと思った。そのためには魅力のあるプログラムを用意し、利用者を増やし収益を上げ、管理費用の縮減を試みた。それには民間企業のノウハウが必要であった。

片寄先生からは海外旅行の土産で多くの書籍をいただき、なかでもCreative Management in Recreation, Parks, and Leisure Services（Richard G. Kraus, Joseph E. Curtis）から多くのことを学んだ。マネジメントは公園だけにとどまらず病院、学校、軍隊までに導入されていたのだ。とにかく対応すべき対象のスケールがとてつもなく大きく、そのマネジメントはまさに地域経営学のレベルに達していた。

手がけた公園がどうなっているのか気になっていたので、その管理状況を調査した。駆け出しの時に設計した大阪府の泉北ニュータウンの荒山《こうぜん》公園は樹木が生長し、歳月の流れを感じた。早期緑化に有効なニセアカシアの多くは枯れていた。種子が鳥の餌となり、糞に含まれ移動し、いたるところで発芽し生長して大木となりニュータウンの景観を阻害していた。明らかに樹種選定のミスだ。しかし当時は緑化が急がれ、このような手法をとったのだろう。こうした経験を積み重ね、正しい計画論を探した。

このように計画系の論文を書くコツは調査領域を広げ、事例を検証しヒアリングを重ね、自ら手がけた仕事を分析することだった。でも最大のポイントは過去の失敗を掘り下げ、改善策の思慮を深めることにあったと思う。

眠れる資源を活かした

博士は、わが国の科学領域において、一歩新たなことに踏み出した証として大学が付与するものである。つまり、新しいことを考えろ、ということである。そのために工学・医学系では、実験、調査を行い新規技術の開発という手法を取られるが、私は政策系であることから、必ずしもそうではないと思った。

研究対象が自然を相手にして、その管理運営の新たな仕組みを考案することにあることから、自然が育んだ知恵と人間の行動とを結びつけ、新たなシステムを考案するところに狙いがあった。目をつけたのが子どもの遊びである。今日はＩＴ技術の発達によりコンピュータゲームが発達し、室内での遊びが多くなったが、昔は、公園などはあまり整備されておらず、道、広場、川、原っぱ、雑木林などの野外での遊びが主流だった。そこでは生き物の捕まえ方、危ない場所の見分け方、食料の入手方法などを、遊びを通じて学んだ。

オニヤンマの捕獲は雌のヤンマを紐でくくり、頭上でくるくる回すと雄のヤンマが釣れる（よく肥溜めにはまり、臭い思いをした）。カブトムシの幼虫を探すには落ち葉をひっくり返せばよい。カキの木は折れやすいが、カシの木は折れにくい。ヤマモモの実は黒ずんできたら甘い、などのプログラムを調べ、これらを公園の自然遊びのプログラムに組み込む方法を考案した。

資源循環のプログラムを考案するために、公園から発生する植物発生材の有効利用を思いついた。刈草、剪定枝、間伐材などに着目した。かつては、これらを田んぼに漉き込んだりして、肥料にしていたからだ。

研究では堆肥化、炭化、チップ化のあり方を検討し、肥料、燃料、マルチングなどに活用するプログラムを考案した。リユースの視点からはスツール、リースなどに活用し、クラフトのプログラムとした。

注目すべきはビー玉、ベッタン（メンコ）、ベーゴマなどの昔遊びである。今は見ることはできないが、これらの遊びは、子どものコミュニティ形成に大きく役立つ。そこでは、遊びを年長者が年少者に教えることにより協調、思いやりの心が育まれる。これは、今日の子ども社会で欠落していることである。いじめ対策の切り札になるのではないかと思った。

このようなことは、かつては生活の知恵、子どもの仕事や普段の遊びのなかで育まれたものである。温故知新の技がもたらすものであることから、私は昔を尋ね、新たな知見を見出す手法を探り、子どもの環境学習のマネジメントを構築したのである。

論文はこう鍛えた

論文を鍛えるには学会の査読付き論文に挑むのがよい。また、関西学院大学では、博士取得には査読付き論文が3本必要だった。私はこれを受けて当時の㈳日本造園学会の技術報告集、国際会議公募論文集などに投稿した。1本目は先に述べた「昆陽池公園の計画設計工事および管理運営の報告」の論文である。野鳥公園の計画設計・工事・管理運営に至るプロセスを整理し、今日の問題課題、そして今後のあり方について明らかにした。

2本目は滋賀県東近江市に設計した「参画と協働による河辺いきものの森づくり」の論文である。自然を活かした森づくりの調査・計画・設計・管理運営の方法論と成果を明らかにした。そこでは、参画と協働のはしりといわれた森づくりのハード面、ソフト面の考え方を明らかにしたのである。これを英語の論文にして、日中韓国際ランドスケープ専門家会議の論文集に投稿したら採用された。

3本目は「大阪府営せんなん里海公園におけるパークマネジメント」の論文である。泉南さとうみ公園の冬場の利用法について、空手道の寒稽古にヒントを見出した、手作りイベント「海に吼える」をパークマネジメントの視点から明らかにした。いずれの研究も仕事の成果をまとめたものである。

だが、全国大会の発表論文はことごとく査読で落とされた。そこで仕方なく技術報告集に応募した。それは若手の登竜門みたいなもので、そこに熟年技術者が挑んだのである。査読は通ったものの引け目を感じた。

その上、それは自己研究ではないことを知った。というのは、研究はクライアントから会社に委託され、私は業務として担当したからである。ここに自主的に研究を行う大学教員とサラリーマンコンサルタントの違いがあった。

最近は査読のレベルが上がった。と言うのは査読者の教員が任期付きとなり、査読を通すことにより、ライバルとなる大学教員候補が増えるからだ。査読は覆面ゆえに相手がわからない。名誉教授だろうがお構いなしである。投稿論文が真っ赤かにされる。

平成24年度、自信のある論文が落とされたので納得がいかずリライト報告書を当時の論文編集委員長に送りつけたところ、丁寧に対応していただき、落とされた理由を聞き納得した。その時に委員長が、査読を落とされたのを逆恨みにして「辛らつな文章が来るんですよ」とこぼされたお言葉が胸に刺さった。

査読では落とされたが、今度は偶然にも、同時に私にも査読委員が回ってきた。論文を読むとピーンと執筆者の顔が浮かんだ。そうなれば通すにはどうすればよいのかを考え必死に訂正した。でも私の論文は落とされたのである。泣きたかった。

学術論文のお墨付きをもらう楽しみは新聞の論壇採用にも通じたので、私はせっせと投稿したが、10回を超えてから数えるのをやめた。しかし平成18年5月、朝日新聞「私の視点」に投稿した、大阪千里ニュータウンの緑が、建て替えにより失われるのを防ぐために書いた「ニュータウン建て替え時に緑を守ろう」が採用された。

査読は、日々多く寄せられる投稿論文を二人のベテラン記者が待ち構え、目を通し、二人ともOKが出れば採用になるとのこと。採用されれば記者の取材を受け、原稿は加筆修正され謝金が出る。

採用の理由を聞けば、経験に基づき書かれたところに惹かれたと聞いた。ということは、これまでに落とされた論文は、思いつきを論評のように書いたからで、モチは餅屋であるべきことを学んだ。以下に紹介する。

わが国で初めての大規模団地である大阪府の千里ニュータウンで、建て替え事業が本格化している。建設後46年も経過し、建物が老朽化したからだ。半面、緑地は生長し、住民のやすらぎの場となっているが、今この「緑」が危ない。

原因は建て替え方法にある。低中層の住棟を高層化して、建築面積を集約し、余った更地を民間ディベロッパーに売却し、事業費を回収するというやり方だ。高層化された住棟間の敷地に駐車場が設けられ、緑が削られている。

困るのは、大規模ニュータウンが自治体、都市再生機構（UR）、公社、自治体の基準・手法が異なることから、せっかく育てたニュータウン全体を覆う緑が虫食い状態になる恐れがある。同じように建て替え時期を迎えようとしている東京都の多摩ニュータウンや、各地の大規模団地にも人ごととはいえない問題だ。

緑と建物、道路などが調和のとれた景観を創出してこそ、都市の品格が高まる。緑はヒートアイランド現象の緩和にも不可欠で、災害時には避難地としても役立つ。時間をかけてつくりあげた緑をたやすく葬ってはならない。

対応策として、URは残す価値の高い樹木を調べ、保全移植を試みている。やむなく切り倒したケヤキはベンチなどに加工し、再利用している。緑資源を活かした回廊計画も進められている。

こうした取り組みをもっと広める必要があろう。

保全策だが、ニュータウン全体を捉えた緑のグランドデザインが必要だ。緑の保全、徐伐、再生からなるエリアプランをつくり、建て替え計画とすり合わせればよい。レクリエーション、環境保全、防災、都市景観の観点から緑の機能を定めた上で、千里の事例を全国のニュータウンの環境再生モデルとして位置づけてはどうか。

実現に向けて、現在の緑の価値を評価することが望まれる。例えば、日頃から都市景観やレクリエーションの場として親しまれる緑は、住民自ら「緑の里親」となって管理すればいい。

延焼防止などの公益性が高い緑は、行政が防災緑地として整備するなど、緑の役割に適った整備管理を試みてはどうか。雑木林などの民有地の緑地は固定資産税などの税率引き下げと引き換えに地権者から利用権を開放していただき、借地緑地として整備するのも有効だ。

まちの緑は空気のような存在かもしれないが、住民、行政が手を携えて緑の存在や利用効果を考えていかねばと思う。

（平成18年5月14日　朝日新聞朝刊記事「私の視点」）

落第論文はこう再生した

査読付きの論文を狙ったが、全国大会発表の論文はことごとく落とされた。なぜ落とされたのか振り返ってみる。論文の構成は、①研究の目的と背景、②研究の方法、③

事例研究、④調査分析、⑤考察、⑥まとめ、⑦謝辞、⑧参考文献リストになるが、問題は③の事例研究の粗さにあった。充分な調査をせずに己の経験を優先したからだ。

調査分析のまとめ方も拙かった。既に指摘したが、自分の考えをもとに評価する仮説設定法の考え方が飛躍的だと指摘された。論理性にも欠けた。つまり、全体的に見て学術論文の体を成していなかったのである（面と向かって言われ少々ムカついたが、すぐに考えを改め、次は褒めてもらおうと心を入れ替えた）。

それではと思い、大学院の紀要に挑戦した。紀要は大学院生のいわば修行の場であり、一般的には紀要で発表し、認められたら学会の地区大会で発表し、評価されたら全国大会への発表に進む。

私はそのルールを無視して、いきなり全国大会に挑んだのである。でも見事に足元をすくわれた。これでは駄目だと思い、初心に戻り紀要に臨んだ。若い院生の書きぶりを拝見した。資料収集、ヒアリング、現場視察などは丁寧になされ、節目の研究結果をゼミで公開し、意見を求めておられた。そこでの議論が論文に活かされていた。

ここに、私の方法と根本的な違いを見た。やはり研究論文はさらしものにされることによって、研ぎ澄まされることを知った。そこで私の論文も公開し意見を求めることにした。この体験は長短所の指摘を受け、目から鱗だった。同様な方法を会社の若いスタッフにもお願いした。すると「論理の展開がちぐはぐでは」と言われた。悔しかったがずばりの指摘だった。でも、これが功を奏したのか、紀要の学内査読を通過し掲載された。

全国大会で発表された論文を解剖するのも効果的だった。お手本になる論文をばらばらにして、論理の組み立てを精査するのだ。面倒くさい方法だが論旨がわかりやすくなった。研究成果を差し込むことにより論文らしくなったように見えた。

間違っても見本にした論文の体系、体裁をそのまま真似しないことだ。ポイントは客観的に書くこと、主観と着目点を勘違いしないことである。経験をベースにして、熟慮万考を重ねオリジナリティを持たせることが肝要である。私の場合は必ず社会趨勢を加味することを心がけた。そうすることにより時代背景が投影でき、説得力が高まると考えたからだ。

このような経験を経て全国大会の発表論文に挑んだのである。査読に合格したのは投稿を始めて8年後の平成22年度、名城大学で開催された全国大会だった。テーマは当時社会を賑わしていた、子どもの遊具事故を防ぐリスクマネジメントである。私は57歳を迎え、既に鳥取環境大学の教授に就任し、いまさら査読付き論文は要らなかったものの念願が果たされ嬉しかった。

これで自信を深め、平成25年度の全国大会に東日本大震災復興計画を、平成26年度は景観の著作権の論文を書いたがまたも落とされた。今、リベンジの論文を書いている。

造園学会に学び賢人を追った

私が㈳日本造園学会関西支部の幹事を承ったのは、四十路に入った頃である。他社のコンサルタントの先輩から「後を頼む」と言われ、学会と関わりを持つようになった。指名していただいた先輩には感謝の念に堪えない。初めての会議に出席すると産・学・官のトップの方々が出席され、ここでは変にへつらうこともなく対等に話ができた。

幹事の仕事を紹介しておこう。支部大会開催大学を決め、論文・ポスター発表のお手伝い、企業展示、シンポジウムの企画、広告取りと内容は盛りだくさんだ。学会本部からは「技術報告集を刊行するから編集委員会の幹事にならないか」と声がかかった。平成16年のことであった。同時に査読委員も頼まれた。

査読付き論文に挑戦していたので、よい情報が手に入ると思ったからだ。次に回ってきたのが学術委員だった。学術の領域、論文の種類と分野、論文の審査方法などを審議するのが主な仕事で、週末の東京通いが増えた（これが造園家のステータスと勘違いした）。

このような経験を経て、学会の幹事は博士論文を書くには極めて有効なポジションであった。なぜならば先端の論文をいち早く知ることができ、多くの造園人と出会え、議論ができるからだ。なるべく多くの論文を読み、誰にでも話しかけ知識をもらった。

コンサルタントの使い走りの時代には大卒の先輩に憧れた。東京六大学出の先輩は数学に長け、構造計算を瞬時に解かれ驚いた。報告書も上手に書かれ、何度と盗み読みした。随分揶揄されたがやさしく接していただき、私の基礎学力不足を補っていただいた。

当時の図面は手書きであったために、私の悪筆が問題だった。そこで一計を講じた。当時のチーフの字体を真似たのである。それでも悪筆は直らず今日に至る。しかし、タイミングよくワープロが登場し救われた。でも憧れの人の真似をすることが、技の上達に繋がることを知り、その後実践した。

仕事柄、委員会を運営するようになると、著名な学識者との接触度が高まり、その都度、事前にプロフィールを分析し、嗜好を調べ上げ会話が成り立つように工夫した。学会幹事という立場が先生方に信頼感をもたらしてくれた。

しかし、思い込みの激しい私の性格がしばしば露呈し、先生方のご機嫌を損ねたことも少なくない。その都度、次にお会いするまでに知見を深め、先生から好印象をいただけるよう努力した。その過程で尊敬できる多くの先生方と出会うことができ、ご教示いただいた。

忘れられない思い出を書く。平成13年10月、大阪府営公園の深北緑地のワークショップにおいて、アドバイザーに就任された大阪府立大学教授の高橋理喜男先生（1928〜2005）のご指導を受けた。ある日、公園緑地誌に記事を書くからと依頼を受け、資料をお渡しすると、私の写真を入れて掲載していただき、これは名誉と思い恐縮した。会社の営業効果になったのは言うまでもない。

その後、博士論文を書き上げ、恐る恐る先生にお送りすると、丁寧な感想のお葉書をいただき、今でも宝物としてしまってある。このようにして私は、習い事のすべてにつけ、賢人を追いかけた。学と技を授けてもらうのに境界はなかったのである。

論理的に説得した

社会人大学院では多くの人々と知り合い、人脈が拡がった。つまり造園コンサルタントという蛸壺の世界から、大学院を通して社会・世界が見え始めたのである。

ジャーナリストは記事を書くのが本職だが、取材に費やす時間は膨大で研究者とは変わらないことを知った。夜討ち朝駆けは当たり前であった。新潟県からお越しになる刑務官がいらっしゃり、なぜ飛行機に乗ってまで関西学院大学に通われるのか分からず、真意をうかがうと「異分野の世界を覗きたい」とのお答えであった。恐らく刑務官の世界も蛸壺の世界であったのだろう。多かったのは公務員、教員、ジャーナリストだった。政策を学ぶことにより専門領域の知識が深まる、学位が取得できるなど、仕事のスキルアップを目指されていた。驚いたのは定年退職者がいらっしゃったことだ。目標を聞くと「知識を深めたい、これまでの経験をまとめたい」とのお答えをいただいた。

このような経験を重ねることにより、社会人大学院はクロスボーダー社会の世界であることに気付いた。クロスボーダーとは学術・技術の専門領域の境界を取り払い、摩擦・交錯する時の「ほとばしるエネルギーが新しい学術・技術をつくること」を意味する。私はその世界に浸り、異分野のエキスを吸収した。そこでは寺子屋式の指導体制が取られ、片寄先生からは24時間体制で鍛えられた。私にとっては贅沢なレクリエーションであったのは間違いない。

そのプロセスは他領域の人の話を聞くこと、論文・書籍を読むこと、片寄先生のお話を聞くこと、学会・紀要の論文を書くことであった。その繰り返しにより、ようやく論理的に説得できるコツをつかんだようだ。だが先に述べたように、学会の全国大会の査読付き論文は通らなかった。未だにそうである。明らかに能力不足だが、否定されることにより、またやる気が湧いてくるから不思議だ。

ここで不思議なことに気が付いた。職業高校出のような学力の低い私が、なぜ大学院で研究者の真似事ができたのか？　その疑問に鷲田小彌太先生御著書の『社会人から大学教授になる方法』（ＰＨＰ新書）が答えてくれた。つまり「偏差値50程度の人間でも10年、研究者としてのキャリアを積めば、人並みの研究者になることができる」と、記されていた（私が卒業した大分工業大学は偏差値35程度）。ここで言う研究者とは毎日本を読み、調査に出掛け、論文・本を書く生活を意味する。

私の12時就寝、４時半起床そのままパソコンスイッチオンの生活は社会人大学院時代に確立した。自然の成り行きみたいなところがあったが、知らぬ間に研究が生活の歯車となり、字を書く時ほど至福の時はない。お気に入りのテレビ番組を見ながらの作業は、正に最高のレクリエーションであった。

―4章―

崖っぷちで博士論文を書いた

博士論文とは

博士論文とはどのようなものであろうか？　大学院で教えていただいたのは、これまで誰もやっていないことをやること、その証明書として大学が博士を授与すると教えられた。

つまり、わが国の科学の進歩に貢献した御褒美として、大学から免状が出るようなもので、言い方を変えれば大学教員の運転免許証ともいえる。でも国家資格ではないことから特典はない。大学教員にも取得の義務付けはない。

比較されるのが技術士である。こちらも論文力が問われるが、博士と違うところは、何も新しい科学の発明は求められない。「既存の技術を活用して、プロジェクトをどのようにしてやり遂げたのか」を書けばよい。分厚い論文は求められない。

このようなことから博士論文とは研究を重ね、その結果が「科学の進歩への貢献」であればよいのである。つまり「知識の積み重ねを計る」のが博士である。一方の技術士は、私の時代は8年間の実務経験を求められたので、そこで吸収した知識をもとにして、担当したプロジェクトを「いかにしてやり遂げたのか」を書いた。その「放電量を計る」のが技術士である。

これまで少しは文章を書いてきた自負があり、博士論文はすぐ書けるだろうと思っていたがそう甘くはなかった。新たな理論を導く方法がわからなかった。そこで博士論文を集め、著者にお会いし、直接ご教示賜ることにした。

大阪府公園課長・理事・大阪芸術大学教授を務められた清水正之先生からは、博士論文「博覧会が公園緑地の形成並びに啓発に及ぼした影響に関する研究」を謹呈賜り、国際花と緑の博覧会、都市緑化フェアの開催・計画内容についてお導きいただき、造園計画における時間軸・会場デザイン・社会趨勢の捉え方を理解した。

建設大臣（当時）官房審議官から大阪芸術大学教授に就任された坂本新太郎先生には、厚かましくも博士論文「わが国の緑地整備手法に関する研究」を下さいと、おねだりに上京すると、江戸時代半ばから今日に至る、わが国の公園緑地行政の流れを詳しくご教示賜った。ここで、私は骨太の論文の意味を理解したのである。

国土交通省のキャリア官僚で当時、都市緑化技術開発機構の部長を務められた野島義照様には、博士論文「都市における植生からの蒸散による夏期の温熱環境改善力に関する研究」をいただきに東京の会社を訪問した。都市のヒートアイランド現象を緑で抑える研究に驚いた。このようにして、先人を訪ね、お話しをいただき、なかにはお食事までもご馳走になり、博士論文の知見を深めていった。

関西学院大学総合政策研究科博士課程は、前期博士課程（2年）、後期博士課程（3年）に区分される。前者を修士課程、後期を博士課程ともいう。大学院の進学者のほとんどは前期博士課程で修了する。後期博士課程進学者は一般的に研究者を目指し数は少ない。

博士論文は博士後期課程で書き上げることになっているが、これは最短ルートで、書けない人は単位取得の満期退学ということになる。その後、博士論文を書き上げて審査を受け、教授会で認められると博士授与となる。

博士論文の執筆はＤ３（博士後期課程3年生）が勝負である。博士課程には定期的な授業がないことから自分との戦いでもある。時間が経つのは早いもので、あっという間にD３を迎える。だから満期退学に追い込まれる。

博士論文はとにかく書き上げなければならない。そこには指導教官との格闘が待ち受けている。口頭試問で主査、副査の指導を受け、公聴会を通過し、教授会で審査。そこで認められて博士授与が決定するのだ。

このように書けば幾度のステップを踏み、その対応が大変な作業と思われるが、やり始めると意外に楽しいのである。資料を分析しこうではないかと思考を巡らし、想像と創造の世界に浸るのである。

骨太な研究を狙う

いよいよ博士論文に挑戦することになったが、初めは何を書いてよいのかわからないのが正直なところであった。でも、片寄先生のお話を聞いているうちに、研究の対象は公園・庭園だけに留まらず、田畑・里山まで含む「流域」ではないかと考えた。タイムリーに片寄先生から、畠山重篤氏が著された『森は海の恋人』（北斗出版。のち文藝春秋）のお話を伺った。

流域の上流の森に降った雨が地中の養分を川に流し、下流の海の養殖牡蠣を育てる、という内容で、その集合体が日本の国土形態であると聞かされ、私は流域論に興味を持った。つまり森と海をつなぐ川が一体となり流域、すなわち扇状地・市街地が形成され、そこに私たちが住んでいるのである。

図1　山・街・海からなる流域に里山、田畑、ため池、社寺林、公園などのネットワークをまとめた「彦根市緑の基本計画」。私の下書きを杉井昌勝氏が仕上げる。

問題はその過程だ。すなわち、かつて森で覆われていた流域に人間が侵入し、今日の経済優先の社会を構築したのだ。潜在的なエコシステムが壊され、経済利便優先の社会システムがつくられたのである。その結果が今日の都市のヒートアイランド現象であり、スプロール化の進展である。

そこに点在する緑とオープンスペースをつなぎ、有機的に結合することにより流域内の水と緑のネットワークが蘇り、かつての森で覆われたエコシステムが回復するのではないかと考え、流域内における資源循環型の公園緑地計画を主張した（図１）。

大切なことはかつての地形、森林が食料・燃料を供給し、海岸沿いでは津波を防いだことである。それを私たちの祖先は森を拓き、地形を均し、経済・利便優先の土地に改変し、災害に脆い都市に変えたのである。時間は飛ぶが、東日本大震災が証明した。これまでの考え方を改めなければならない。このような視点を、私は博士論文を書く上でのよりどころにした。

研究は手がけた公園緑地の設計、施工、管理、再整備を体系的に整理し、流域内をいかにすれば適正で効率的な公園緑地にすることができるのか、その方法論を確立することにあった。

博士論文は大局的な視点を持ち、骨太でスケールの大きな論文を書くことが求められた。私の研究領域は空間、時間、人間に及ぶ。対象空間となる緑のオープンスペースは今日、都市化により寸断され、流域全体の連続性・循環性が損なわれ減少荒廃し、ヒートアイランド現象などの都市問題の原因にもなり、これらの現象が山、町、海の環境を損なっている。

里山は手入れ不足、輸入木材との価格競争に負け、放置されたスギ・ヒノキ林の荒廃が目立つ。町は開発による自然の消滅、海は温暖化による潮位の上昇・変化などにより農林漁業に被害を及ぼしている。

このような状況から修士論文は、断ち切られた空間を水と緑のベルト、すなわち道・川・広場・公園・自然緑地などでつなぎパークシステムを構築し、流域環境の再生を目指してタイトルを「公園緑地環境の積極的なマネジメント」とした。それから博士論文を書いた。当時課題であった公園緑地の管理運営に絞り、公園経営の道筋を示した。

国は先進国のレベルに肩を並べようと、国民一人当たりの公園整備面積10㎡を目指して、建設整備事業一筋の路線をとり、ストックされた公園緑地の管理運営は自治体任せで、言わば「なおざり」にしてきた。整備面から見ると、どうしても無駄な工事が重なり、コスト高と時間のロスを招く。その改善策を事例調査、ヒアリング結果から読み取り、無駄を省く事業の進め方を目指した。

研究のフレームをどう捉えるか、私の場合は流域空間を対象にしたことから、自然環境、社会環境、人文環境と設定した。これらの適正、効率的な組み合わせによるマネジメントの理想像を目指したのである。

時間軸の捉え方は成長管理計画を採用した。植物を主体にした空間ゆえに、時間の経過とともに成長することから、将来を見越した計画としなければならない。小さく植えて、大きく育てることにより目標は達成できるとともに、コスト縮減が図れた。

経営の視点を持った

公園緑地の経営と言っても、一般の方々には馴染みがないと思う。「そんなことは税金でやっている」ということで片付けられる。ただし、専門家の間、造園緑化会社を営む企業人には垂涎の的である。なぜならば指定管理者制度が導入されたからだ。

ちょうど博士論文を書き始めた頃の２００４年に地方自治法が改正され、公共施設の管理に民間企業の参入が可能になった。それまでの公園管理市場は地方自治法に守られ、行政に独占されていたのである。その結果、管理を独占してきた多くの公益法人では随意契約のもと、競争原理が働かず適正な管理がなされていないと判断され、加えて天下り先の温床との指摘を受け、社会の批判を浴びたのである。

公園の管理費用はどの位かかるかというと、セントラルパークは350haの規模を誇り、年間管理費用は30億円である。内訳は市民・企業の寄付金17億円で、ニューヨーク市の負担は13億円である。それが、日本ではすべて税金で賄われる。ここに、公園管理のカラクリがある。おまけに日本の公園では、収益事業は地域の同業者と競合するから原則禁止なのである。すなわち、税金で賄い、お金を稼ぐことが許されないのである。寄付の慣習はなく、まさに都市公園は金食い虫なのである。

対照的なのがディズニーランドやハウステンボスで、魅力あるサービスを提供して、利益を上げている。つまり、公園には国民の健康と福利に貢献するために設置するという大義名分があり、初めから経営の意思は備わってなく、ディズニーランドは充実した経営努力の結果、莫大な利益を上げている。公園とアミューズメント施設はみかけは共通点があるものの、その目的、運営は正反対なのである。

今だから言えることだが、博士論文を書き始めた頃は、公園経営の概念、すなわち民間企業のノウハウを導入して、利用者を増やし収益を上げる実践策を知る由もなかった。そこで私が取った方法は、先駆的に指定管理者制度が取り入れられた大阪府、兵庫県の広域公園の状況調査を行い、問題と課題に取り組んだことだ。

ここに公園経営のノウハウが隠されていた。データを分析した結果「指定管理者担当団体を決めるプロセスが不透明であること、ソフトプログラムを充実し利用者を増やすことよりもコストカットを重視していること、誰もが共鳴納得する理念がないこと」などを明らかにした。

対応策として「選定過程を公開審査としプロセスを透明にすること、公共ビジネスとしての収益事業は認め実践すること、神戸市、幸せの村の『訪れる人はすべて幸せになる』に匹敵するようなコンセプトの作成」を指摘した。

このような調査を重ね、実状を分析し、問題と課題を積み重ねていった。つまり、研究の進め方は潮流に乗った大局的視点のもとで、現場からネタを拾い上げ整理することにより公園経営の視点を明らかにし、これを博士論文の柱に据えたのである。

デジタルとアナログの併用を

ＩＴ技術の発展は、論文執筆においての表現技術を飛躍的に発展させた。だが、表現のすべてを自分の手で行う時間はない。助手が必要である。図化はすべて会社のスタッフにアルバイトをお願いした。

引用文献はインターネットから大量のデータが収集できる。事例調査には便利だ。当り前のことだが私はヒアリング調査に出かける場合、インターネットで基礎調査を行い、現状把握をしたうえで出かけた。

しかしながら、インターネットから得る情報すべてが必ずしも精度が高いとは言えない。例えば公園の入場者数やイベント内容が異なっている場合があったり、昔のデータが放置されていたりして、誤って使う場合があるからだ。

ただし論文の収集には便利だった。学会発表の論文や博士論文を個人のホームページで公開している研究者がいらっしゃるからだ。なかには裁判の判例入手の場合は有料であったりして、必ずしも無料でダウンロードができるものではなかったが。このようにしてデジタル技術を利用したのである。ただし、情報収集には便利だが、それに頼りすぎると論文が資料の寄せ集めになり、オリジナリティに欠けるので、注意しなければならない。

一方ではアナログ的な手法も大切にした。まずは資料収集だが、直接、現場に足を運ぶことだ。担当者に問題・課題・苦労話などをお聞きし、論文の構想を練った。

このようにしてヒアリングでは、国外では先に述べたようにニューヨーク、国内では西は長崎、東は東京まで足を伸ばした。セントラルパーク、ハウステンボス、国営公園、昆虫園、ディズニーランドと、施設型から自然型まで回った。それらの共通点はソフトが充実していたことである。このようなことは現地を訪れなければわからないことだ。

その場合、効率のよい情報を得るには事前に質問内容を整理し、手紙を送ることを心がけた。欲しい資料もメモにした。するとヒアリング時に丁寧な回答をいただいた。礼状を書き、研究成果を報告すれば完璧だが、私はそこまでできなかった。深い反省点でもある。

資料収集は、幅広い領域からの多種多様な資料を集めるにはインターネットは便利だったが、そこから狙いを定め、掘り下げた資料と意見を求めるには直接出向くヒアリングが効果的だった。

したがって論文執筆においては、デジタルとアナログ技術の併用が確実な成果に結びつくといえる。

荒れるパパを鎮めて

このように書いていると、いかにも順調に博士論文の執筆が進んでいるように見えるが、どうも真実はそうではなかったらしい。というのは、これは大学院を終えてしばらく経ってから片寄先生から言われてわかったことだが、次のようなことがあったというのだ。

博士課程3年の頃の出来事である。突然、片寄先生がこう言われた。「君、家で暴れたやろ、娘さんから電話がかかってきたぞ」と。私は何のことかと驚き、お尋ねすると「どうも博士論文がうまく書けずストレスが溜まり、腹いせに家族に怒鳴り散らしたそうだな」。そこで耐えかねた当時大学生の礼が、片寄先生の携帯に電話したのである。「パパが博士論文のストレスを晴らすために家で暴れて困ります。先生の方から荒れるパパを鎮めて下さい」。私はその言葉に仰天した。

でも、私はそのようなことに気付かなかったのである。確かに言われればそうかもしれない。多少はかんしゃくを晴らすために、家で大声をあげたことがある。しかし、家族に手は出さなかったはずだと記憶しているが。でも、そうではなかったらしい。礼の電話では、私の怒りは相当なものであったと聞いた。そこで辛抱しかねて、片寄先生に直訴したのである。

片寄先生は言葉を続けられた。「俺も困ったで。下手に注意すると逆上してさらに家族に当たるのではないかと思い、慎重にコトを運んだつもりだが、君は俺の口ぶりに気が付いたか？」とおっしゃられたのである。私は気付くはずもなく、その後も家で暴れたらしい。家族は博士論文が仕上がれば、私の怒りも鎮まるだろうと辛抱したらしい。

結局、片寄先生からのお言葉に私は気付くことなく、また家族からも「片寄先生から注意してもらう」などの言葉は聞くことはなく博士課程を修了し、私は自然とおとなしくなったらしい。このことを片寄先生から、院修了後1年ほど経ってからお聞きし、まさに寝耳に水とはこのことであった。家に帰り、早速、怒ったら駄目だと自分に言い聞かし、猫なで声で娘に聞くと「パパ今頃、何言ってるの」と、けんもほろろの返事であった。その時初めて「家族に悪いことをしたな」と、いう気持ちにかられたのである。

よく博士論文を書いたあとがきに家族への謝意を表するが、私はこうした事実を知らずに書いてしまったのである。でも、これは事実で、それから私は家で暴れなくなったのである。

指導教授とは夜討ち朝駆け

博士論文を書き上げたのは平成16年8月で、喜び勇んで片寄先生にお見せすると先生は顔をひきつらせ黙りこまれた。沈黙の時間が流れ、先生は一言「書き直しや」とおっしゃり、私は言葉を失い青ざめた。

「仕事の報告書を書くスタイルが抜けきっていない」との厳しい指摘。先生は即座に、コンパクトに書き直す方針を取られ原稿に朱を入れたのである。たちまち原稿は真っ赤になり、原文が飛んでしまった。ひどいページは全面に×が入った。

理由は文法がなってないとのこと、それでも私はひるむことなく書き直し、深夜片寄先生のお宅にメールでお送りした。毎夜のことであったが、先生は待っていたかのように私の修正原稿に手を入れられた。しかし、また×が入り返ってきたのである。先生は間に合わないと判断され、自宅に呼び深夜まで見ていただいた。

普段は阪急電鉄神戸線武庫之荘駅前の喫茶店が稽古場だった。通勤時の早朝に立ち寄り、その場で見ていただいた。先生は黙って原稿に次々と朱を入れられた。私はじーっと先生のペン先を追うだけだったが、一度だけ先生の前で涙を流したことがある。

それは私の不甲斐なさからこみあげる悔し涙と、丁寧に直される先生のお姿に感激した嬉し涙だった。先生は眼鏡越しに上目でちらりと見られたが、すぐに視線を原稿に戻され、二人とも何事もなかったように、私はジーッと先生のペン先を追った。

長い時間をかけて先生は直された後、「直った」と豪快に笑い飛ばされた。まるで自分の論文のように。私は笑顔満面の片寄先生の無邪気なお顔が大好きである。

このような指導が続いたが締め切りの日が近づき、先生は間に合わないと思われ、荒技に出られた。なんと「連休時に君の会社で修正作業をやろう」と、大学院の後輩中西佳之君をオペレーターに頼み、3人のミニ合宿が始まったのである。その後、助っ人として会社の同僚の大野和美、三尾尚己両君が加わってくれた。

家内に弁当を作ってもらい、お昼はハイキング気分だった。こうして博士請求論文を書いたのである。でもハードルは高かった。

お引取り寸前の博士論文

このように皆さんの協力、片寄先生の熱血指導があったものの、私の頭がついて来なかった。段々と時間に追われストレスが溜まり、思うようにペンが進まなかった。

事実、博士課程進学者で、ストレートで博士をモノにしたのは同級生で2割程度。他の人はギブアップして退学、または単位取得による満期退学の道を選んだのである。これは博士論文を提出できずに、博士後期課程を終えることを意味する。これらの人は博士論文を書き上げた時の提出となる。関西学院大学の場合、1万円を払って審査してもらうそうだ。10年後の提出も珍しくない。

博士課程に進まないで博士を取得するのを論文博士と言い、私のような課程博士とは比較にならないほど厳しく、なかでも経済学博士・文学博士は難関で、なかなか大学は出さない。

先走って言うが学位授与式の際、驚いたことに私が授業を受けた教授と還暦過ぎの教授が経済学博士を授与されたのである。業績豊かな教授と思っていたが、博士はお持ちでなかったようだ。もうお一方の老教授は大学を卒業され40年程要されたそうで、よほど嬉しかったのか、博士の証状を壇上でかざされたのである。式典会場は温かな拍手に包まれ、老教授の満面笑みのお顔が未だ忘れられない。その姿に人生が凝縮して見えた。

話を元に戻して、論文の進捗状況が芳しくない私にも満期退学の声がかかり始めた。正直、これはまずいと思った。片寄先生は定年間近で、もし満期退学者になると最悪の場合、指導教員が変わることもある。これは避けたいところであった。もし、そうなれば、次にあてがわれた指導教員の専門領域に合わせて論文を見直さなければならない。その場合、教員の意に適わなければ書き直しにもなりうる。それは誰もが避けたいところだが、教授は成人病のクライマックスの年齢層ゆえに病死で、そうなるケースがあるそうだ。

そう思うと、なんとしても片寄先生が在職中に博士請求論文を書き上げなければと、とった秘策が山籠もりである。これは後述する空手道家、宗重浩美先輩が学生時代に全日本空手道選手権出場のために、山籠もりをされたのを思い出し、私も真似をした。都合よく関西学院大学の千刈キャンプ（三田市）にバンガローがあり、そこに資料と食料を持ち込み、10日ほど籠もったのである。もちろん会社、家族との音信を絶って。

日射しで時刻を読み、鳥・虫の鳴き声しか聞こえない夜は静寂そのもので、精神を集中するにはもってこいの環境であった。私は迷いが吹っ切れたように、博士論文を一気に書き上げたのである。なぜ書けたのか、それは社会と遮断することにより邪念が払えたのではと振り返っている。つまり、それまでのばらばらの執筆時間を一本化し、思考に全力投球ができたことと解釈している。

深夜は時折聞こえてくるフクロウ・シカの鳴き声に、随分怖い思いをした。こうして博士論文を書き上げバンガローを出た。その足で片寄先生に会いに行き論文を見てもらうと、にこりとされたのである。

書き上げた博士論文

こうして博士請求論文をまとめた。タイトルを「公園緑地の積極的なマネジメントに関する研究」とし、公園緑地の運営を経営の視点から捉え、そのあり方をまとめた。

4編16章220ページからなる。第1編の「序論」では、①研究の目的と方法、②先行研究の検証と本研究の位置づけ、③公園緑地環境の積極的なマネジメントの方向性についての基本的な考え方について整理した。ここでの結論は、当時（平成15年）指定管理者制度普及の萌芽期を迎えていたが、造園学会では公園経営系の論文数が少なく研究が急がれること、一方では公園管理への住民参加や協働作業が増え、その対応が求められることなどを明らかにした。

第2編の「従来型の公園緑地マネジメントの蓄積と課題」では、①文献による事例調査、②国内の現地調査、③海外の現地調査の結果を整理した。ここでの結論は多くの事例を検証し、それを重ね合わせることにより見えてきたのは要約すると、今後の公園経営の方向性は「理念・管理運営・財源・組織・評価」ということだった。

第3編の「公園緑地のマネジメント計画における新しい潮流に関する実践的な検討」では、手がけた①野鳥公園の計画設計、②国営公園のマネジメント調査、③冬場の海浜型公園利用促進計画などの実務を論文としてとりまとめ、第2編の結論である理念・管理運営・財源・組織・評価の実践を試みたものである（図2）。ここでの結論は第2編で導かれた五つの柱との関わり方の確認にあった。課題はこれらが体系的に整理されていないことにあることを指摘した。

第4編の「結論」では、わが国の公園緑地の管理運営業務は公営の独占で進められてきたが、

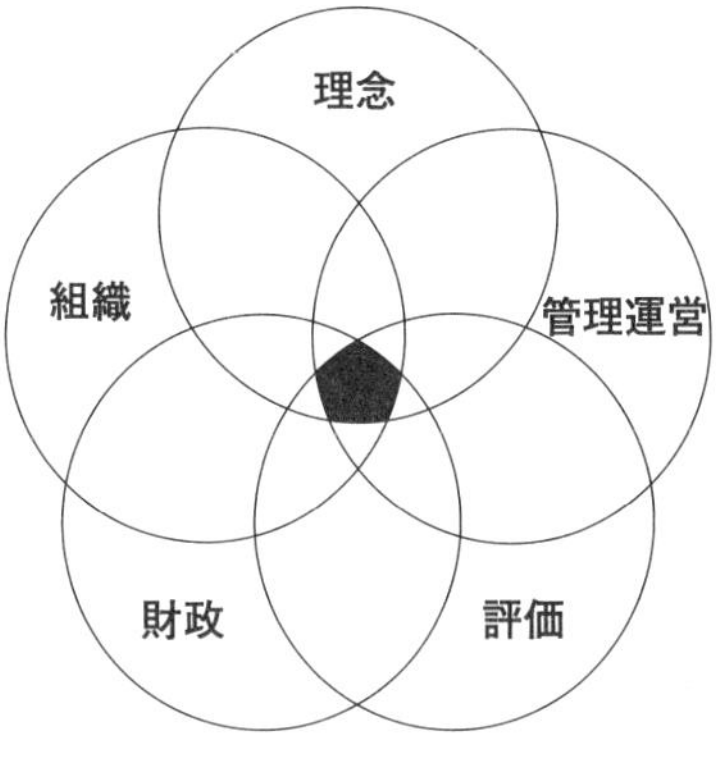

図2　公園緑地のマネジメントのフレーム

民間企業がその市場に参加することにより競争力が高まり、より充実した公園経営の仕組みが求められるようになったことを明らかにし、それを創造的なマネジメントシステムとして体系化した。試行案として、業務として携わっていた国営明石海峡公園神戸地区をモデルとしてマネジメントプランを提示した。でも、このプランは私の思い込みが強過ぎ日の目を見なかった。

と言うと格好よいのだが、真相は仕事の出来が悪く、私は首を切られたのである。ひょんなことからパークマネジメントの新聞記事を書くと、それがきっかけとなり、トントン拍子で仕事が来た。私も嬉しくて有頂天になり舞い上がったが、技術はまだ発展途上の段階であり、その能力不足を露呈したのである。

論文を読みやすくするために編ごとに結論をつけた。場合によっては先に結論を読み、4編の最終結論を読めばわかるようにした。これが人に読んでもらうコツと考える。事実、謹呈しても熟読する人は少ないのではないか。このような論文は造園の領域ゆえに従来は農学部系の論文に位置づけられるものだが、総合政策学部で書いた論文であることから、造園系の学者から珍しがられた。

仕上げた論文は平成16年11月30日に提出して、査読は主査片寄俊秀先生、副査に当時の加藤晃規教授と兵庫県立大学教授の中瀬勲先生にみていただいた。そして、平成17年2月に公聴会を迎えたのである。40人ほど集まった。そこには教授、院生、学生と知合いの顔があった。仕事の委員会に臨む気持ちで挑んだ。いつも脂汗、冷や汗をかく経験が生きた。なんとか突破、加藤教授から丁寧な修正指導をいただいた。その後口頭試問を終え、教授会にかけられ、博士（総合政策）の学位が認められたのである。

このようにして私は関西学院大学博士課程を終え、平成17年3月に学位授与式を迎えた。振り返ればこの5年間（48〜53歳）は夢の世界だった。不思議なもので関西学院大学の神戸三田キャンパスに一歩踏み込むと、現世のことは一切忘れ、仕事のしがらみから解放されたのである。

授業のワーキングでは必ずと言ってよいほど若者と社会人のグループが組まれ、若者はほとばしる学力で、社会人は経験豊かな知識でグループ課題に取り組んだ。それを会社の同僚に嬉しそうに話すと「物好きやな」と笑われた。それが道楽といわれる所以であろう。

そして、今5年間の軌跡を振り返っている。それは何も知らない山猿が町に迷い込み、その賑わいに驚き走り回っているようなものだと回想している。娘の礼は「まるでわらじを履いた小僧さんが貴族の世界に迷い込み、調子に乗って舞踏会でダンスを踊るようなものだね」とも言った。「わらじで舞踏会」の名付け親だ。このようにして私は社会人大学院を終え、平成17年4月、造園コンサルタントの世界に戻った。待ち受けていたのはかつての忙殺の日々で、関西学院大学の思い出は封印され、記憶の彼方に消え去ったのである。

博士論文で技術営業

博士論文を書く前から日本造園学会の研究誌、日本技術士会の会報に論文を投稿した。初めは腕試しで掲載されることにより喜びを感じていたが次第に醒めていった。なぜならば、お金にならないからだ。それは、コンサルタントの性でもあった。ここに純粋な学者とは一線を引く。私はコンサルタントゆえにお金になる報告書を書かない限り、会社では担当者から外され業界人として生き残れないことを肌身で感じていたからだ。

そして大学教授になった今日でも、私は学者ではなくコンサルタントを公言している。その意味は直訳通り、相談者が私の真骨頂だからだ。学者として修行を積んだ意識はない。だから精緻な学術論文は書けない。反面ビジネスマンとしては仕事になると思い、書き上げた博士論文を営業資料にまとめ、公園緑地行政の窓口に営業をかけたのである。

それから常に資料をバッグの底に潜め、公官庁の主に公園緑地セクションを飛び回った。それまでは名刺を部課長の机に置き、いらっしゃれば愛想笑いをするのが関の山で、相手も会釈で応えられたが、さぞかし仕事の邪魔になったと思う。いわば役所の御用聞きみたいなことをしていたのだ。

ところが、私が営業資料の博士論文を渡すと相手の対応が変わった。公園緑地は管理の時代を迎え、差し出したパークマネジメントの研究が、役所の仕事に役立つと思われたからだ。なかには私が社会人大学院生と知ると大変興味を持たれ、講義内容、授業料などを詳しく聞かれる方もいた。どうもその方は進学を考えられていたようである。

特に東京出張時には燃えた。キャリア官僚と会えるからだ。日帰りだが、多い時には6ヵ所の公益法人を回った。都市緑化技術開発機構（当時）、日本緑化センター、日本公園緑地協会、公園緑地管理財団、道路緑化保全協会、日本公園施設業協会などがそうである。アポイントは取らない。「近くに来たので、ご尊顔を拝しに参りました」と、飛び込むのである。お留守の場合がよくあったが、門前払いはなかった。また行けばよいと思った。

行く度に新しい課題をいただき、答えのメモをつくるのが慣習となった。仕事には結びつかなかったが、知らぬ内にキャリア官僚から鍛えられていたのである。もちろん関西のお役所にも同様の手法を取り、技術営業に博士論文を利用した。こうして博士論文は紙つぶてとなり、産・官・学にばら撒かれたのである。

今日では情報をウェブにアップして、お客さんを待つ方法が取られるが、私は機械音痴ゆえにそれができず、せっせと走り回ったのである。つまり対面商売みたいなやり方だ。結果は出なかったが知り合いが増えたのがよかった。

出版社との格闘

大学院を修了し、再び仕事の日々に戻り、博士論文を書いたことなどは忘れかけた頃に片寄先生から電話が入り、「博士論文を本にしよう。駄目もとやってみよう、博士論文を学芸出版の編集長に送れ」と指示が飛んだ。いきなりの電話で、内容が内容だけに私はびっくりした。そんな簡単に本が出せるのかと疑った。しかも老舗の学芸出版社（京都）からだ。しかし、死ぬまでは一冊、本を書きたいという夢を持っていたので、恐る恐る博士論文を編集長に送った。するとと意外なメールが届いた。そこには「リライトなら出版します」とあり、しかも具体策までお示しいただいたのである。その内容は「研究の結論を初めに書き、それまでのプロセスはさらっと流し、後半は指定管理者制度対策をまとめよ」という内容だった。つまり、実務書として指定管理業務を狙う企業をターゲットにした、マーケットを意識する本の構成だったのである。

私は驚き吉報を片寄先生に報告した。すぐリライト作業に入り二カ月ほどで脱稿した。編集長との何度かキャッチボールはあったものの、ネジを巻き戻し、書き直した原稿を送ると、最後は「これで行こう」と言われホッとした。

本の名称を『公園緑地のマネジメント』とした。わが国で初めての公園緑地のマネジメント書として、お世話になった㈳道路緑化保全協会、㈳日本造園学会、㈳日本造園修景協会、環境緑化新聞社、そして㈳ランドスケープコンサルタンツ協会などの機関誌が書評に取り上げてくれ、この時に改めて、造園緑化業界の支援の温かさを実感した。

私は天にも昇るような気持ちになった。しかし、会社や研究をいただいた官庁に内緒で進めたので、どのようにして出版の了承を取ろうかと悩んだ。ビクビクしても仕方がないので、翌日、恐る恐る社長に報告すると、やはり苦言を呈された。「書くなら書くと、会社の了解を得てから書くのが筋だろう」と。私は返す言葉がなかった。

事実これまでの私のやり方は、大分工業大学編入時に代表されるように、まるで抜け駆けみたいだったからだ。しかし、社長からはお許しをいただき、官庁からも論文末尾に官庁名記載ということで了承を取り付けたのである。刷り上ったばかりの本を社長に謹呈すると労いのお言葉を賜り恐縮した。

そして平成18年5月10日、書店に『公園緑地のマネジメント』が並んだのである。奇しくも片寄先生が『まちづくり道場』を学芸出版社から出版され、その本とともに大阪梅田のジュンク堂書店の書棚に並んだのである。このように私の博士論文が書籍になったのも、恵まれた仕事環境のなかで、片寄先生の熱血指導が私を駆り立てたからこそである。

大学教員への芽生え

博士論文を書き、本も出版し、資格もほとんど取り尽し、大学から非常勤講師の声がかかり始めたので、もしかしたら大学教員になれるのではないかと思い始めた。実務家教員が増え始めた頃で、淡い夢を抱き始めたのだ。でも、職業高校出の大学教員などは聞いたこともなかった。身分が違うと自分に言い聞かせた。

わが国の造園・ランドスケープ系の大学教員の出身大学を見ると、国公立では京都大学、東京大学、千葉大学、大阪府立大学、北海道大学、九州大学、東京農工大学、信州大学が強い。ここに割って入るのが私学の雄、東京農業大学である。上原敬二博士を源とする100年の造園教育が造園界を席捲する。新興勢力では大阪芸術大学、南九州大学などが人材を送り出している。

残念なことに関西学院大学はこのなかに入っておらず、造園・ランドスケープ系の大学教員の市場に参加できないと思い込んでいた。でも、鳥取環境大学の公募は建築・環境デザイン学科ゆえに、建築系の先生が多いためそのような既成概念はなかったのである。これは学外者にはわからないことだ。

つまり、ランドスケープは造園、環境デザイン、都市計画などの分野に渡り領域が広がることから、造園系大学の力が及びにくいのである。加えて、建築系ランドスケープの大学教員のポストは増員傾向にあると見る。

なぜ、大学教員になりたいと思うようになったのか、教える楽しみ、研究の魅力もあるが、やはり片寄先生の影響が大きい。先生は京都大学大学院から大阪府企業局の建築技師を経て、長崎造船大学の教授になられ、関西学院大学総合政策学部設置に伴い招聘されたのである。そこで出会い、先生の生き様をみて感動し憧れたのである。

博士論文の「ニュータウンの建設過程に関する研究」の緻密で、スケールの大きいことに度肝を抜かれ、映画「ブワナ・トシの歌」では原作者として銀幕を飾り、先生が主人公のモデルであったが、俳優には渥美清さんが起用され、その後のフーテンの寅さんにつながったのである。一歩間違うと片寄先生がフーテンの寅さんになるところだった。先生は京大ラグビー部のロックを張られ、関西大学一部リーグで活躍されたのは、先生のお耳のカリフラワーが物語っている。

このような先生を間近に見て、最高の人生を過されていると実感した。私も、心底そうなりたいと思った。ラグビー、空手道とともに体育会系出身で、資格も博士・技術士・一級建築士と共通点があった。が、先生と私ではモノが違う。大学教員の実現性は低いと諦めるしかなかった。でも関西学院大学に来て、片寄先生と出会え、人生の夢が広がったのは間違いない。

こうなればと、よい仕事をして作品集や論文にまとめ、学会での発表を目指したのである。面白いことに関西の造園界でも社会人大学院生が増え始めた。大学教授の椅子の争奪戦は激戦かもしれないが、ご縁は意外と身近なところに転がっている。

5章　大学教授の仕事は曼荼羅模様

大学教授の準備

これより、1章の「わずかなチャンスをモノにした」以後のお話となる。

平成20年の師走、鳥取環境大学から正式採用の通知をいただいた。これで私は鳥取に行くことが決まったのである。鳥取の知識といえば砂丘、梨、カニが浮かぶ程度で、私にとっては未知の県であったが、唯一会社のかつての後輩、前田幹雄君が鳥取の造園会社に勤めていて心強い思いをした。

それでも単身赴任は辛い。妻に愚痴をこぼすと「パパが選んだ道でしょ」と言われ、そこで踏ん切りがついた。鳥取環境大学で新たな夢を追いかけることにした。56歳となり、人生のアルバムも残り少なくなったが、やりたいことは山積みで、浪速のほら吹き造園コンサルタントが、因幡の大学教授に人生の舵を切り走り出したのである。その先には曼荼羅模様のように多様な仕事が広がっていた。平成21年の春であった。

困ったことは勤務先の対応だ。会社には一言も言わずに行動したからだ。公募が駄目になった場合はコンサルタントでやっていく考えがあったからである。雇用人の性とでも言おうか、私も生活していくにはこのような方法を取らざるを得なかった。

だが、潔くきっぱりと会社を辞めて公募にチャレンジされ、現在活躍されている教授がいらっしゃる。しかし、それは私にはできなかった。保身を優先したのである。

採用決定をいただき、もう躊躇してはおれないと上司への報告を決心した。26年前には大学に行かせて下さいと頭を丸めた前科があるだけに、首を覚悟で恐る恐る会長・社長に報告するとたいそう驚かれ叱られたものの、最後は「おめでとう」とおっしゃられ、非常勤の役員として残ることでことなきを得た。きっとこれ以上、会社に留まっても将来性はないと思われての、親心の発言と振り返っている。

でも身の引き方は難しい課題である。一般的には快く思われていないのではないか。大学教授への転進は、会社で培ったキャリアを活かして別の世界に行けるゆえに羨やまれるからだ。

私は相乗効果を狙い、大学には会社をインターンシップの先として、また就職情報収集の場として利用してもらい、そして会社には先端の学術を会社にもたらしスタッフを育て、コンサルタント業務の受注につながるよう試みたのである。

与えられた授業は10科目だった。クライアントがお役人から学生に変わっただけだ。でも、その大変さには気づかなかった。

大学の授業とはどのように組み立てればよいのか正直わからなかった。お呼ばれの講演会とはわけが違う。半期15回連続して授業を行うのである。実務家教員ならではの授業とは何か、それは経験である。

しかし経験談を15回話すわけにはいかない。やはり学問領域として外せない基本領域がある。このような見解から、前半は学術的資料に基づき授業を組み立て、後半は仕事の経験談とした。これまでに手がけた公園緑地、庭園などを飛び回った。また各種の報告書が役立つと思い、倉庫から引っ張り出した。

書籍も古本屋を回り収集に努めた。これらを編集し授業用のレジュメにまとめた。写真、図表もパワーポイントに編集したが、やはり板書が効果的だと教えていただいた。

正直なところ時間がなかった。年度末の繁忙期を迎え、休みなしで平成21年3月31日の最後の仕事の検査が終り、自宅には戻らずそのまま夜行バスで鳥取に飛んだのである。

大学と会社の違いに戸惑う

私は平成21年4月1日に鳥取環境大学環境情報学部、建築環境デザイン学科教授を拝命した。張り切って出勤したが、タイムカード、日報がない。37年間の習慣がなくなった。ここで初めて自由度を実感した。

すぐに授業が待っていた。誰も教材をチェックしてくれない。専門領域は各担当教員に任され他人が意見することはない。つまり、教員と学生の世界のみが広がっており、そこは他の教員が立ち入ることができない聖域なのである。果たしてこの教材でよいのだろうかと疑心暗鬼になるが、もうやるしかないのだ。

学生の反応が気になった。授業は私語がなく静かだ。寝る学生が3人いた。注意すべきか迷ったが、自分の授業に魅力がないから寝るものと思い注意するのは止めた。出席率も気になった。回を重ねるごとに欠席者が増えた。先輩教授に対策を聞くと、自分で考えるしかないそうだ。まずはわかりやすく、そして冷静に対処すべきとアドバイスを受けた。

授業の評価はどうなるのか気になったが、前任者の方がよいという声を聞き落胆した。大学の先生は人気商売であることを知った。

上司の決裁を仰ぐということもなくなった。なにごとも自分で考えて方向性を出し、行動すればよい。そのことに対して誰も意見しない。その代わり責任はすべて己にある。

個人の行動が多くなった。例えば昼食を取る、飲みに行く、会合に参加するなどは個人の判断による。先輩から声がかかれば絶対に同席しなければならないということはない。大学教員は研究と教育を優先すればよい。いわば一匹狼である。

私は何事にも無頓着ゆえに慣例を聞き、それに従えばよいと思っていたが、どうもそうではないらしい。教員それぞれの考え方、受け取り方は千差万別であるということだ。それは肯定も否定もなく自由である。われ関せず、わが道を行くという先生も少なくない。このような体験はこれまでになかったことで、大学教授へのギアチェンジに少々戸惑った。

大学と会社の違いは、目的、評価基準などが根本的に異なることだ。まず「目的」だが、大学は質の高い研究と教育を行い、科学の進歩と人類の幸福に貢献し、良き人材を世に送ることに置く。

会社との大きな違いは「利益の追求」にあり、緊張感が違う。大学の場合は組織が大きく、まして国公立の大学は潰れることはない。しかし会社で働く人はそうはいかない。景気が悪くなると容赦のないリストラが待ち受けており、最悪、倒産もあるからだ。したがって仕事に取り組む緊張感が違う。

このようなことから「優先順位」はおのずと異なる。大学では、繰り返すが「教育と研究」が優先される。ここを充実させれば学生が集まり経営も安定する。一方会社では「技術開発と収益性」が優先される。そのためには社員一丸となり、収益力、規律、組織力などが問われる。この違いから、実感するのは雇用感覚ではないか。大学教員の場合は雇用されている実感はない。自由度が高いからだ。逆に会社は雇われている感覚が強い。規則に縛られるからだ。

「組織」のあり方も大きく異なる。大学教員はキャリアに応じて、大学を変わることが公然と認められている。割愛制度などという。異動先の大学から在籍する大学長宛に割愛願いが出され、教授会で了承されれば大手を振って他大学に移れる。つまり魅力的な大学にはよい教員が集まる仕組みになっている。

一方会社はどうだろうか、「終身雇用制度」が長く続いたが、今日では実力主義が浸透し、リストラで終身雇用制度は崩れつつある。しかし、それでも社員の他社への栄転みたいな制度はない。現有する社員をブラッシュアップすることにより戦力アップの傾向が強い。つまり大学の組織は外向きに開かれ流動的で、企業の組織は未だ内向きで柔軟性に欠ける。

ここで注意しなければならないことは、いずれにしても忠誠心のある教員、社員を育てなければ足腰の強い組織は育たないことだ。教員の構成は、公募と生え抜きのバランスが肝要である。

組織形態の根本的な違いに「個人と集団」があげられよう。やはり大学は組織の体をなしているものの現実的には「個人」の集まりに近い。それは「群れ」に似ている。思想の無い人同士は群がるが、そうでない人は孤高を貫かれ、こちらの方が大学の先生らしく一目置かれる。

逆に会社は「集団」が原則ではないか。一糸乱れぬ統率力の下で動くのは日本国民の特徴で、敗戦のどん底から復活し、高度成長時代を駆け抜け、驚異の経済社会を築き上げた理由がそこにある。絆の深さがもたらした団結力の強さは世界の類を見ない。会社の組織も同様である。このように大学と会社は目的が異なることから、組織の仕組み、考え方も違うのである。

勉強してお金がもらえ、管理されない

大学教授の仕事を説明するには「勉強してお金がもらえる」というのがわかりやすい。それを私はレクリエーションと捉えていたから、人から使われている気にはならなかった。携帯は時を構わず鳴るから公私の区別はない。勉強も同じで、何時でも何処でもできるのが大学教授だ。

しかしながら「勉強しながらお金がもらえる」と、単純に喜んではいけない。勉強の成果が求められるからだ。よい論文を書き、本を出し、講演会に呼ばれ、良き人材を育て、大学名を上げなければならない。すなわち、研究成果が社会に発信され、受験生の心を掴むことが要求された。

実は、そこには計り知れない苦しみが待っている。これは恩師片寄先生のお言葉だが、大学教授とは社会の茶坊主みたいなところがあり、常に社会に情報を発信し、警鐘を鳴らさなければならないとおっしゃる。つまり「常に危機感をもって研究に打ち込み、大学教授の使命を果たせ」と言うことである。

そして「いつも社会から見られていることを忘れるな」と釘を刺された。しかしこれが難しい。人の本心は、誰からも好かれたいという気持ちがあるからだ。未だ役所の機嫌をうかがうところに私の問題がある。

大学教員になり、初めて管理されていないことに気づいた。例えばカリキュラムの元に授業を

組み立てる、教材を作成する、出張に出る、休みを取るなど、一応伺いを立てるがそれは報告に近く、上司の決裁を待つことはない。

何よりも不思議なことは作業日報がないために、作業時間のコントロール感がなくなる。したがってコスト意識が損なわれる。その代わりに残業手当はない。このように、大学の先生は初めから管理制度が備わっていない。そこは教員の自主性に任され、だからこそよい研究ができるのだ。

ここが会社と性格を異にする。教員とは自由度が根本的に違うのである。その理由は明白だ。大学は教員に学生の教育と研究を委ねることから、何よりも「自由」が尊重される。自由があればこそ、よい教育と研究が生まれるからだ。それが何事にもアグレッシブに挑戦する源になり、日常生活も充実する。寝ても覚めても教育と研究を中心に生活が組み立てられるからだ。

逆に会社は営利を目的とすることから「効率性」が優先される。トップダウンのもとにピラミッド組織が形成され、集団組織としての規律が優先される。わが国の企業のほとんどはこのスタイルをとり、今日の経済大国を築いた。しかし、社員の精神的なプレッシャーが大きく、適度に休養をとり心身のリフレッシュを図ることが肝要であり、大学の先生みたいに24時間営業というわけにはいかない。

私も造園コンサルタント会社に長年籍を置き、そのような経験を積んできた。使われてきた身分だが、トップの経営方針がスタッフの自主性を重んじていたせいか、それほどのプレッシャーを感じなかった。それよりも、仕事は好き放題にやらしていただいたという方が正解だ。

私は役員の末席に座らされ経営陣の一角にいたので、本来ならばスタッフを管理する立場だったのだが、それは能力不足でできなかった。私は管理される組織を経て、それほど管理されない大学人となり、管理ということについて新たな認識を得た。

それは「程よい管理のもとで、自由奔放にスタッフの能力を信じて仕事を任すほうがよい結果が出る」ということだ。しかし、大学の先生は何事も任され過ぎのところがあるようにも思えた。それが大学人の自由という言われる所以であろう。

大学教授になった日から生活が一変した。金帰月来の生活が始まり、鳥取と自宅のある兵庫県川西市間、約２００㎞を往来するようになった。

それから時間の使い方が一変した。週40時間の勤務時間が定められるものの勤務形態は本人に任されているので、授業を中心に生活を組み立てた。

授業はコンサルタント時代の報告書や、学会で発表した論文を適当に加工して教材に使えば何とかなるだろうと高をくくっていたが、初めて授業をした時にその甘い考えは見事に吹き飛んだ。

一コマ90分の時間が何と長いことか、授業が終わると汗で下着がビッショリになった。それが半期15コマも続くのだ。それを知って私はきっちりと教材を作り始めた。一講義15枚程度のレジュメとパワーポイントにまとめ、しゃべる内容を行間に朱書きしレジュメ1枚6分という時間配分を考え、授業の通過時間を各ページに書き込むことにより、ようやく落ち着いて授業を進められるようになった。

こうした授業のほかに鳥取県・市よりさまざまな委員を仰せつかり、次第と時間に追い詰められるようになった。鳥取での研究、教育、そして大学運営に当てる時間は公私の区別はない。

仕事の四本柱

大学教員の主たる仕事は「教育」「研究」「大学運営」「社会貢献」である。「教育」とは教員が持ちうるすべての力を学生に伝えることにある。専門知識に止まらず倫理観、道徳、思想感、人間性などに及ぶ。学生はこちらの思う通りには動かない。当然のことである。相手は多感な若者で価値観も違う。尊敬の念がなければこちらを向いてくれない。

それではどうすれば学生がこちらを向いてくれるのか、学生の憧れの的になるしかない。教員は常に匠の技を維持し、心を開き対等の目線で愛情をもって学生と接することが肝要だ。研究業績・資格は蛇足に過ぎない。問われるのは人間力である。

「研究」は行政からよいお仕事をいただいたことと、会社という器があったからこそ博士論文が書けた。こちらに来てからは鳥取県から環境学術研究費、大学からは特別研究費をいただき「造園の知的財産権」「鳥取市緑の柔構造都市」「山陰海岸ジオパークのマネジメントプラン」などの研究を進めている。

「大学運営」とは大学が一種の自治組織であるために、教員にはさまざまな委員が回ってくる。私は教務、広報、学生支援、入試、就職、エコキャンパス、評価委員などを経験した。作業は時間割の編集、計画書・記録簿の作成、会議への出席、実技指導などがあげられる。そこに高校訪問、出前講義、空手道部の指導などがからむ。知り合いの高校空手道部の顧問を訪ね、平成23年度の訪問校は30校を超えた。

「社会貢献」は学会、行政、公益法人、学校の委員、幹事、講師などが該当する。造園学会の学術委員、幹事、ランドスケープコンサルタンツ協会のアドバイザーのほかに、鳥取に来てからは鳥取県より都市計画審議委員、環境政策ガイドプラン策定懇話会委員、景観まちづくり委員、天皇陛下御製碑コンペ・ガーデンコンテストの審査委員長を、鳥取市からは山陰海岸ジオパーク鳥取連絡協議会学術顧問、第30回全国都市緑化とっとりフェア大会会場計画委員、鳥取市指定管理者選考委員、景観審議委員、史跡鳥取城跡附《つけたり》太閤ヶ《なる》平の保全整備検討委員、都市緑化シンポジウムのコーディネーターなどを、そして関連団体ではNPO国際造園研究センター理事、㈶日本造園修景協会阪奈和支部幹事、古巣のランドスケープコンサルタンツ会社の顧問、そして空手道研究会の理事などを拝命している。

外部講師としては放送大学、国土交通省中国地方整備局、公園緑地管理財団、などから声がかかる。これまではコンサルタントゆえに、いわば官僚に使われていた立場だったが今は逆転した。さまざまな委員に就任し、官僚の仕事に道筋をつけるための意見を言う立場となった。そこで得られた知識を授業に還元できるのがよい。

具体的には専門性を活かした活動があげられる。近年では高齢者、実年者のキャリア教育、健康促進プログラムなどの人気が高い。オリンピックのメダリストは引っ張りだこだ。

つまり、教える対象が学生から市民に代わるのである。それは若い教員にとっては修業の場でもある。やはり学問は社会の洗礼を浴びなければ味が出ない。好例がまちづくりだ。机上のプランをワークショップにかければよくわかる。多種多様な現場の意見がアカデミックなプランを見直してくれる。大学教員はそれを教育の場に戻せば活きた授業ができる。大学教員が社会に出て行くということは教員にとっては刺激的であり、地域にとっても計り知れない効果がある。

私の場合は居住市から、三十代初めに文化行政の指針をつくる懇話会委員と、景観条例策定の声がかかった。しかし会議の冒頭に市長が出て来て、挨拶だけをしてさっさと帰り肝心な委員の議論を聞かない市長の行動に文句をつけると、次の委員会からあっさりと外された。

その後、大阪市の公益法人からパークマネジメント策定委員の声がかかり、過激な発言を慎み穏便に対応した。そして鳥取環境大学の教授に就任するや否や、先述したような委員の声がかかり、今のところ勉強させていただいている。でも、我を殺せば委員の指名が増えるところにどこか矛盾を感じる。

このように、大学の先生には学内、学外と仕事が待っており、マルチ商店主みたいなところがある。

汗を流し露出度を高める

大学教授に就任したがそれがゴールではない。人に物事を教える以上、己の技に磨きをかける必要がある。一般的な大学教授に求められる業績・能力は著書10冊、査読付き論文50本、そして英語がしゃべれ、もちろん英語の論文が書けることが求められる。大学設置審議会が教員の能力を査定し、大学院の指導レベルとして「Dマル合」がある。ジャッジ付き論文40本以上が条件と、今野浩先生が御著書『工学部ヒラノ教授』（新潮社）で著されている。

残念ながら私はそのレベルに達していない。また、私の還暦を過ぎた年齢を考えるとそのレベルに到達するのは、はっきり言って不可能だ。でも、そのレベルに近づくのは可能だ。私は本学赴任後論文を9本書き、うち1本は学会の査読付きで造園学会全国大会で発表し、今年も挑戦中である。

新たな挑戦は文部科学省科学研究費へのアタックである。採択率は20％程度だ。私は鳥取環境大学に着任早々、関西学院大学・大阪人間科学大学・千葉大学・大阪芸術大学・明治学院大学の先生方と組み、社会問題となった公園遊具の事故防止を目指したリスクマネジメントの研究で挑んだが見事に落とされた。再挑戦すると返り討ちにあった。

捨てる神あれば拾う神ありで、平成23年度の鳥取県環境学術研究費に応募すると「山陰海岸ジオパークマネジメントプランの研究」で採択された。

最近の学会発表で名誉教授が発表される。もちろん査読付き論文である。換言すれば指摘した若いレフリーの洗礼を受けての発表で、その寛大なお心の広さに深い感銘を覚えた。見習わなければならない。

鳥取に来て新聞投稿の機会が増えた。それは新しい研究のスタートでもあった。地元紙日本海新聞の「オピニオン」への挑戦だった。この4年間で11本書いた。このように、チャンスとみれば論文、記事、企画書を書き投稿している。

もう一つの楽しみは趣味が活かせることだ。仕事中に趣味が楽しめるのが大学教員の特権でもある。民間ではできないことだ。ゼミを持つ感覚と似ている。空手道部の顧問となり、部旗とジャージを揃え、稽古プログラムを整え、中四国地区・国公立大学のインカレに出場した。成績はいまひとつだったが、私は監督を楽しんでいる。

出る杭は打たれると言われるが、大学教授は露出度を高めなければ生きていけない。人気商売だからだ。だからといってタレント教授を呼び、花火のような単発の講演会で学生を集めるだけでは持続性がない。蓄積した学術・技術を活かした確実な方法が求められる。

まずあげられるのは己の研究の進化である。常に論文、本を書き作品の発表が求められる。次に国際会議、学会の全国・地区大会の大学の誘致だ。お世話には大変な労力を要するが、お越しになる先生、学生が研究発表をし、エクスカーションに参加され、労いの言葉をもらうと疲れも吹っ飛ぶ。

また、大学名が学会誌、専門誌、地元新聞などを通して社会に発信され、広報に貢献する。最大のメリットは学生が刺激を受け、新たな社会の窓口を開くことだ。その波及効果が大きい。

大学の専門領域に係る著名な先生を中央から呼び、時代の先端を行く研究業績、作品などを学生に紹介する手腕も大切だ。地方にある大学こそ刺激が必要である。常に中央とつながりを持ち、日進月歩の科学文明を学生に伝えていかねばならない。私は赴任早々、日本の桜守として知られる京都の佐野藤右衛門先生、建築界の重鎮などをお招きし、特別講義をプロデュースした。

就職先の開拓、学生集めも大学教員の大切な仕事だ。研究が受験生の憧れとなり、学生の出口（就職）を確保することが求められる。大学の格差が大きくなった今日、そこで生活費をいただく教員は大学経営に手腕を発揮するのは当然であり、地方の小規模大学が生き延びる策でもある。

研究と人材を世に送る

大学教員は専任教員になると仕事量が増え、研究論文を書く時間が取り辛くなり、研究逃れのよい口実ができる。

しかし、真の大学経営を考えると、研究を最優先にしなければならない。会社のように効率性を追求するのではない。常に未来を見つめ、培った学術・技術を活かして新たな領域を拓き、人類の幸福と文化文明の礎を築いてこそ、それが学生にとって最大の教育成果につながるからだ。それは教員のスキルにかかっている。

学生は教員の背中を見て育つのだ。手取り足取りで教えるのは高校教育までで、それ以上になると己で考えてやれということだ。忙しいのは誰もが同じである。自分だけが忙しい人間だと勘違いをする人が多いのも事実だ。残念ながら世の評価は結果しかなく、教員夫々の背中が語っている。

それでは教員は、多忙ながらも研究に取り組むにはどのようにしたらよいのか、決して滅私奉公ではない。何ごとも憧れと執念を持ち、人の見えないところで汗をかくことが大切だが、これも気の持ちようである。

書き上げた論文、小説は投稿し、落とされたらリライトし再投稿に挑む。それでも落とされたら自分で冊子にして知人、友人、先生方にお送りし、評価をいただく。それでも反応がなければ出来が悪いということだ。

これらの結果を学生はどのように受け止めているのだろうか、やはり学生は教員の動きをよく見ている。研究成果を見極め、自分の研究目標を定めて研究室にやってくる。

それでは良き人材とはどのようなものか、片寄先生のお言葉を借りれば「問題解決型の人間を育てる」ことを言う。自ら問題意識を持ち、解決するために思考を深め行動し、あるべき方向性を熟慮して行動力を身につけることにある。いわば教員はその手助けをするに過ぎない。

大学生は高校生とは違い、懇切丁寧に教える必要はないと言えば言い過ぎだろうか、それをしても学生は変に反発するだけだ。でも、そうなればしめたものだ。教員は学生が興味を引きそうなネタを示し、お手本となる技を見せて、学生をあおるのである。誤りを諭すようにアドバイスするのがよい。

私は五十路前に大学院へ進んだ。そこで実務家教員、研究者教員の指導を受けた。その経験から実務家教員の体験に基づく講義に惹かれた。なぜならばプロジェクトの問題課題の実例をあげて、その対応策を教えていただいたからだ。

このようにして、学生の思考力の充実が肝要であり、何ごとも自ら組み立て、最善策を見出し、わかりやすい説明力と豊かな人間性を備えてこそ、初めて良き人材と言えるのではないか。このような人材を社会に送り出すことが大学の使命と私は理解しているが、それは教員が手本を示さない限り、学生は動かないことを知らされたのである。

研究室は商店街、学生はお客様

私は大学に来て、廊下を挟み研究室が並ぶ光景を目にして、ここが知の館かと感慨深いものを感じた。そこに研究室をあてがわれ、夢が実現したことを素直に喜んだ。56歳にて、ようやく一国一城の主の気分を味わったのだ。

研究室の通りには建築計画、都市計画、建築構造、建築構法、建築材料、環境工学、建築史、インテリア、資源循環、そして私の造園・ランドスケープと専門家が軒を並べる。

そこに学生が出入りする。その光景を見て私は、立ち並ぶ研究室は正に個人商店で、そこに出入りする学生はお客様に見えたのである。研究室には「知識・教養」という商品が売られ、学生が買いに来る。これは教員にとっては厳しいことである。質が悪ければお客さんの足が遠のく、つまり学生から敬遠されるのだ。これは教員にとっては辛いことだ。したがって教員は商品の質を高める必要がある。

とにかく学生の目は鋭い。教員の能力を素早く見抜く。そればかりではない。思想、人間性、キャリアなども見分ける。私の場合は学生の出入りが少ないため、初めは造園ゆえに、建築の本流から外れているからだと高をくくっていたが、どうもそうではないらしい。はっきり言って、私に魅力がなかったようだ。

そこで、造園コンサルタント時代の表芸である男芸者の真似をしたら、ますます学生の足が遠のいた。思いつきの対応と見透かれていたのだ。これでは店じまいに追い込まれると怖くなり、己を見つめ直した。

また、ウィットに富んだ授業をしたつもりだが、どうも話し振りが軽く、信頼性に欠けたようだ。時折、意味不明の発言、早口ゆえに言語不明瞭と教員評価アンケートに書かれた。造園コンサルタント時代にも度々クライアントや上司からたしなめられたことだ。改めなければと猛省している。

それではどうしたらよいのか悩み、熟慮の末到達したのは当たり前のことだが学生のために身を粉にして働くことであった。それは自我を抑え、学生の目線に合わせて意見交換をして、学生の研究活動、授業を精一杯サポートすることだった。

かといって決して学生に愛嬌をふりまくのではない。それよりも学生が憧れる技を見せなければならない。学生が教員を尊敬する場合は「あんなことは私にはできっこない、どうしたらあのようになれるのか」と思わせることだ。間違っても威圧的な態度は取らないことだ。だが結果はすぐに見えてこない。

学生はレベルの高い先生は誰か、いつも見ている。質の高い学生はそこを見定めやってくる。だから教育は難しい。にわか教員の辛抱どころだ。

教授は最高の営業マン

私は平成21年4月1日に本学の教員となり、その日から鳥になった。鳥取には月曜から木曜まで滞在し、金曜から日曜を関西での活動日と決めている。基本的には月曜日の早朝4時半に車で自宅を出発すると、大学には8時に到着。そこで月・火・水・木曜日勤め、金曜日の午後に大学を出て、夕方に川西の自宅に戻る。

楽しみは片寄先生がさまざまな研究会の足場をつくって下さることだ。恩師のお導きでトヨタ・ニッセイ・住友財団などの研究費にトライするが、なかなか芽が出ない。作戦会議があればなるべく出向くようにしている。

空手道の方は、繰り返すが拳文塾（兵庫県川西市大和）の稽古日を日曜日の朝と定め、自宅近くの公民館を道場にして運営している。これこそが、私が伝書鳩のように自宅に戻る大きな理由でもある。

大阪にもう一つ道場運営のお手伝いをさせていただいている拳文塾南大江（大阪市中央区谷町南大江）は開設して32年経過し、今では有段者が育ち、私は鳥取環境大学への赴任と同時に指導を有段者の皆さんにお願いした。丸橋さん、桝井さん、横田さん、赤木さん、永井さんが子どもたちを教えて下さる。私は金曜日の夜に稽古日を設定していただき、月に一度の指導を目ざしているがこれが難しい。

このように私は声がかかればどこへでも足を運び、汗を流すことが習い事の上達と信じ、今日も鳥のように飛び回る。とは言うものの、本音は官舎の一人暮らしは寂しいもので、家族の顔を見たさ一心で金帰月来を実践している。

こうした生活パターンのなかで、大学教授はこの上もない最高の営業マンである、ということが最近になってわかってきた。もはや学内だけの教育と研究だけでは許されないのだ。どこにいても鳥取環境大学教授という看板を背負い、大学、地域に貢献していかねばならない。

大学への貢献とは、大学のステータスを高めることである。平成25年度には都市緑化フェアの鳥取開催が決定し、盛り上げるために平成22年度日本造園学会関西支部大会を誘致した。また鳥取方式の芝生緑化が校庭緑化で効果をあげ、それを全国に普及させる狙いもあった。平成22年9月に、山陰海岸ジオパークが世界ジオパークネットワークに登録されたのもタイムリーだった。こうした背景には、本学卒業生の新たな就職市場の開拓があった。

もっとも効果的なのが高校訪問である。高等学校の進路指導部を回り、本学への受験をお願いにあがるのだ。まさに営業活動で、大学教授が自ら出向くと対応も丁寧である。場合によってはアポなしで訪問するのだが、応対の先生方は嫌な顔をされず、真摯に接していただいた。今後とも足繁く高校を回り、受験生を発掘するのが新たな仕事だが、その場合、著書、最新論文、そして作品があれば効果的である。

門前払いも経験した。アポイントを取りながら大阪の私立高校に車を走らせたものの、事務員さんから「資料はそこに置いといて下さい」と言われた。また、あからさまに「お宅の大学に進む学生はいません」と、電話口で訪問を断られた。少子化で大学関係者がひっきりなしに高校訪問をかけるので、進路担当者は私たちが糞に群がるハエに見えるらしい。

でも、平成24年度に公立化され、平成26年度の筆記試験の受験倍率が7・9倍と、中国地方の国公立大学で一番高くなったのには驚いた。

―6章―

大学教授の立ち居ふるまい

章のタイトルを「大学教授の立ち居ふるまい」とつけたが、アカデミックな経験がないことから、自己流で試みるしかなかったのである。それが実務家教員に与えられた特権でもある。それはモノづくりの槍の穂先で戦ってきた経験を、授業に組み立てることを意味する。

これをマトリックスで表現すると、横軸にフィールド調査、文献調査、ヒアリング調査、解析、考察、課題整理、基本構想の検討、基本設計の策定、実施設計の作成、施工監理、管理運営などに分類される。縦軸には造園、ランドスケープ、建築、土木、園芸、生態学、社会学、マネジメントなどが広がる。これを数値化すると11×8＝88種類の専門領域が広がる。それを一人で担い、大学から提示された授業を組み立てるのである。

授業・研究の取り組み方

モノづくりの世界は日進月歩に進み、作品は洪水のように世に出され論文、書籍も学会、出版社から年間300本ほど出る。実務家教員は作品に熟知しなければならず、業界とのパイプが大切で学外に出なければならない。私はこのような立場に立たされ授業・研究に取り組んだ。

私が受け持つ授業だが、建築・環境デザインでは座講を3科目、実習としてデザイン演習・プロジェクト研究など7科目、4年間で計10科目を担当する。「ランドスケープデザイン」は景観設計と訳され、授業はエコロジカルデザイン、道路緑化、都市公園などの計画設計について論じ、後半は私が手がけた野鳥公園、オートキャンプ場、博覧会の会場計画などを詳述する。

「庭園の歴史」では西洋・日本庭園を年代別に並べ、その様式、思想、デザインなどの特徴を論じる。特に英国庭園の教材作成ではイギリスに出向き、庭園、景勝地を回った。現場の肌を、なるべく学生に伝えるようにしている。

「建築と都市の法規」では一級建築士取得という昔取った杵柄を活かして担当者に名乗りをあげたが、久しぶりに問題を解いてみると解けないのである。建築士取得後34年が過ぎ、その間に阪神淡路大震災、耐震設計偽装事件などが起こり、建築法規が改正され試験が難しくなっていた。慌てて建築士試験の参考書を買いに走り、建築法規集を読み込み、15回分、２００ページのレジュメをつくった。それでも不安感を覚え、建築家に聞いた。

専門外の科目を「やります」と言ったばかりに、余計な仕事をつくり自分の首を絞めたが、結果的には新たな授業領域を広げたことになり、大学教員としての存在価値を高めたのではないかと一人にやけた。ところが学生にアンケートをとったところ理解度10％の学生がいて、改善点を尋ねているところだ。

「環境デザイン演習」ではランドスケープ、造園設計を担当した。「演習・プロジェクト研究」では遊具の紙芝居を紹介し、脚本の書き方を示したところ、学生はたちまちテーマを「野生の草花」、「心地よい空間」、「よみがえる生き物」などと設定し、脚本を書き紙芝居をパソコンで仕上げた。イラストの腕前ははるかに私を凌ぐ（写真5：次頁）。夏休みに学生を京都国際マンガミュージアムの「ヤッサン一座の紙芝居」に連れて行くと目を輝かした。

でも、残念なことにヤッサンは平成24年9月に亡くなった。五十路を越えてから疾風のように現れ、紙芝居の面白さを社会に発信し、スポットライトを浴びたものの疾風のように逝ってしまわれた。ヤッサンは正に平成の月光仮面だったのである。合掌。

写真５　オリジナル紙芝居を発表する学生　平成21年７月プロジェクト研究発表会

出席代わりの小テストが面白い。必ずコメントをつけて返し点数はつけない。それで学生との対話が生まれる。下から目線で接するが神技をみせないと学生はなめてかかるからこちらも必死だ。その緊張感が心地よい。

平成24年度より本学環境学科教授と併任し、26年度よりこちらが本格化した。新たな授業として「都市の自然環境形成」では流域の上流・中流・下流域に広がる里山、棚田、ため池、社寺林、公園緑地などのデザイン、プランなどについて論じた。「景観保全」では意味と意義、領域、構造、効果、必要性などについて論じた。「グリーンビルディング」では環境資産を上げるための緑化、造園、景観形成、都市計画などの方法について論じた。この他に「循環社会形成実習・演習、環境学フィールド演習」などを担当している。

学生とのふれあいは人生の宝物

恩師、片寄先生の口癖は大学教授とは馬子みたいなもの、先生は学生を馬に例え、水を飲むのは馬であると常々おっしゃられた。私も片寄先生の考えを受け継ぎ、学生に水を飲ませる方法を楽しんだ。

それは「学生のやる気を楽しむ」ことであった。その時私は造園コンサルタントに戻る。キャリア官僚から市町村のお役人さんまで多様なクライアントから委託を受け、満点を求められる。それができなかったら次の仕事はない。相手が悪いと愚痴をこぼせば己の無能を示すようなもので最悪首が飛ぶ。これは学生に代わっても同じだなと思った。

緊張感をもって学生に接した。彼らも初物を見るように「この新米先生の能力はどんなものかな」と探りを入れ始めた。教材のつくり方でわかるらしい。

私はそのようなことを露知らず学生と接した。学生のタイプもさまざまだ。学生生態学とでも言おうか、優秀・奇才・真面目・さぼり、成績不良など幅広い。優秀な学生はさておき、単位不足、やる気満々だが途中で失速、などの学生が気にかかる。そのような学生、つまりお客様から高い評価をもらうにはどのようにしたらよいのか悩んだ。

私がとった戦略は自ら手本を示し、学生に考えさせて成果を褒めることであった。目標設定、努力達成を徹底したのだ。でも私が「こんな作品をつくった」と得意げに話したとたん、場が白けた。初めての授業で顔が青くなった。そこでギアを入れ替えて学生の話を聞くことから始めた。「君のやりたいことは何」とさりげなく聞き、聞き出した意見をもとに事例を探し「こんなのがあるよ」と見せるようにした。

その場合、写真やスケッチなどビジュアルなものがよい。そこで学生の目が輝き始めたらしめたものだ。「現場に行こうか」といって、旅に誘うのだ。京都・岐阜の庭園、公園、ミュージアムなどを回った。

これで基礎知識をつけ、やりたいことの手順、図面の描き方、文章の書き方などはさわりだけ示し、学生に手を動かしてもらう雰囲気をつくるのが肝要だ。そこから作業が始まり、作品、レポートが出てくるのをじっと待つ。胃が痛くなるが、露骨にせかしたら逆効果である。工程表を作らせ、自ら守るように仕向けるのだ。

でも、そう簡単にはいかなかった。プロジェクト研究で平成23年度ゼミ生のN君、Y君が近隣公園のリフレッシュプランに取り組んでくれた。設計方法、デザインを示したが、なかなか思い通りのものが出てこなかった。無理もない、プロでもなかなか出てこないのだから。

そこで利用者のニーズを把握するために、公園へヒアリング調査に出かけたところ、学生はお年寄り、子どもたちから器用に意見を聞きだし、子どもたちとは野球もやった。その経験が活きたのか、ユニークなプランが出てきた。

サッカーグラウンド、野球場を重ねた立体ドーム、ライブができる劇場など、日本にはないスポーツパークのプランを提案してくれた。デザインはお世辞にも上手いとは言えないが、アイディアは素晴らしい。嬉しかったのは、彼らが造園に興味を持ってくれたことだ。

私は56歳で大学教授となり、初めて学生と接したが非常勤講師の経験が活きた。授業を行えば学生の視線が私の一挙一動に集まる。だから間違ったことを教えることができない。ゆえに教材作成は慎重になる。

嬉しいことは学生が、時折研究室を訪ねてくれることだ。わからないことを聞きに来るのだが、時には知らないことを聞かれる場合がある。その場合、私は「わかりません」と素直に言うようにしている。生半可に答えると、学生の知識が深い場合があり、恥をかくからだ。

造園コンサルタント時代は企業の組織のなかで仕事をしていたので、上下関係で物事の判断がつく場合が多かったが、学生相手にはそれは通じない。学生は教えられる身であって、私たちは教える立場にあり学生の満足度が優先されるからだ。そこに教える難しさがある。学生それぞれの人間性を知り、その個性に合わす工夫が教員に求められる。

教員よがりの考えになる場合もあるが、教員は学生に専門領域を好きになってもらう努力が必要である。そうすることにより学生は教員を尊敬し、勉強に打ち込んでくれる。プライベートの交流も当然深まる。授業を越えた地域活動や学会活動の時に、学生は実に頼もしい力を発揮してくれる。大切なのは24時間体制で対応することだ。

学生は社会への出口である大学で、学識・倫理観・社会性を養い飛び出すのだ。そこには教員の指導が大きく影響するが、学生は授業よりも普段からの大学生活を通じて、教員の学術・技能・人間力を吸収しているのではないか。その思い出が私にとっては人生の宝物に見えるのである。

憧れの教員とは

五十路の手習いが大学教授になろうとは夢にも思わなかった。でも、なったからにはよい授業をして、学生の良き相談相手になり、物分りのよい先生と言われたい。

そういう気持ちが、いつしか学生に媚びを売っている自分にしていた。それは造園コンサルタントの営業マン的な性分が抜けきっていない証でもある。そういうところをアカデミックな教授は毛嫌いする。でも、実務家教員の技術の一部であることは確かだ。

しかし、これではいけない、なめられると思った。やはり大学教授とは専門性を持ち、人格円満、高潔でなければならない。では、どうすれば学生から憧れられるのか？　私の結論は次の通りである。

一つは「どんなことでも引き受ける、面倒を見る」といった懐の深さと大らかさが求められる。大学教授といっても人間である。好き嫌いもある。といって、それが顔に出るようであれば失格である。誰でも成績優秀な学生は欲しい。学生は玉石混合である。玉の学生ばかりでもトラブルは起き、石の学生でも見上げたところがあり、一概には言えない。したがって「来るものは拒まず、去る者は追わず」の姿勢を貫くとよい。すべては自分に回帰するからであり因果応報でもある。

二つは「自分をさらけ出すこと」である。専門領域の知識は辞典のようなものであることは言うまでもない。だからと言って、著書や論文などの話をしても多くの学生は上の空である。それよりも資料はビジュアルに、写真を入れてわかりやすく作るのがよい。効果的なのはイラストである。目の前で描くことにより学生の態度が変わる。そこが教えどころである。スケッチブックを持たせ、いつでも絵と文章を描く（書く）癖をつけさせる。断わっておくが、私はあまり絵は得意ではないが描くのは好きで、学生の前で描きまくる。恐らく学生は心の中で「先生の絵はあまり上手くないぜ」と思っているに違いない。そこが付け目である。下手な絵を一生懸命描く姿を見せることにより、学生も描かなければと思い始めるのである。

三つは「社会とのパイプを持つ」ことである。常に社会の最先端の技術、学術を学生に届けてやることが大切である。学会活動は言うに及ばず、シンポジウム、見学会で中央に足を伸ばし、さまざまな人たちとの交流を促進させるのである。造園学会全国大会・支部大会への発表に、千葉大学、大阪府立大学、京都造形芸術大学、兵庫県立大学淡路景観園芸学校などを回る。学生の目が輝く。それは学生の知識の情報網の構築をサポートすることを意味し、将来の就職・大学院進学後の活動に役立つ。

こうしたことは、さりげなく自然体でやるのがよいことに最近気づいたところである。

学生が喜ぶ授業とは

科学・学術は日進月歩で授業は毎年進化させる必要がある。学生は毎年変わるから、教材は繰り返し使ってもよいのではと思うが、原理原則を教える基礎科学はそうかもしれない。しかし造園、ランドスケープ、建築は作品が洪水のように発表されるために、時代の先端を行く作品や理論をリアルタイムで学生に教えなければ授業は飽きられる。

本学にはプロジェクト研究がある。教員がプロジェクトを考案し、学生を募り15回の授業を組む。研究は調査・問題発見・課題設定・具体策の策定と学生が主体となって行い発表会に挑む。教員は学生が目の色を変えて取り組む授業を発案しなければならない。学生のやる気を刺激するプログラムとは何か。私は造園コンサルタントに戻り、かつてのワークショップやラウンドテーブルで住民と公園づくりに取り組んだノウハウを活かす。

「鳥取のお宝を活かしたまちづくり」では、美しい海岸を取り上げ、海からみた浜辺のランドスケープデザインに取り組んだ。学生はサーフィン、水泳が得意で、あっという間に沖に泳ぎ出し、カメラで浜辺を撮影する離れ技に出たが、私の心境は無事に戻ってきてくれと、祈る気持ちであった。迫力のある写真が撮影され、海岸の白砂青松再生のプランを作ってくれた。

「ランドスケープデザインを探せ」では、学生が設計したい場所を自ら探し出し、その場にあった空間を設計する。学生はランドスケープの設計経験はない。無茶な話と思うがここがポイントだ。プロとの違いは技術力の差にあるが、大差がないのが発想力である。学生の突拍子もないアイディアにしばし驚いた。プロを凌ぐ技を見る。公園利用を高める方法を聞くと「マクドナルドを誘致すれば」と返ってきた。ハードルは高いが実現できないわけではない。ならば「ユニクロはどうか」と話が広がる。既成概念では考えられないことだが「ニーズに応える」とはこういうことを言う。商店と公園が一体化したプランが出て来た。

ランドスケープデザインでは、東日本大震災の調査後、新たに防災ランドスケープの授業をつくった。また平成25年度に鳥取で全国都市緑化フェアを開催することから、その企画・運営・計画の授業をつくった。

このように教員は時代の流れを読み、学生を虜にするようなプログラムをつくる使命がある。これができなかったら大学教員になるのは止めた方がよい。

学生が喜ぶ授業とは何だろうか。ダジャレを連発し、笑いを取る授業がそうかも知れないが、それでは身につくものが少ない。学生が目の色を変えて取り組む授業を考えなければならない。時間は90分もある。流れを三つの山に分け、それぞれにピークを設け、学生を釘付けにする方法は何か。私は実務家教員として採用された。したがって実務経験を活かして、国営公園の設計や国際博覧会の会場計画などの授業をつくった。失敗談にユーモアを交えるのがコツだ。

そのなかで、学生が興味を持ってくれたのはラウンドテーブルだ。利用者、行政、コンサルタント、学識者などによる円卓会議である。３００haの里山のデザインをどうするのか。デザイナーが感性を研ぎ澄まし、デザインするに違いないと学生は思い込んでいたが、私はサロンを開設し、市民の意見を吸い上げ、ラウンドテーブルで議論し、デザインのエッセンスを抽出する方法を取った。つまり、デザインに市民の意見を取り入れたのだ。

その頃からだろうか、マネジメントデザインの手法を見出したのは。デザインとは決して設計者の主観によるものではない。マネジメント、すなわち空間の利用運営法を読み、目的に適う空間装置の計画とプログラムの考え方を説いた。学生が耳を立てるのは住民参加の公園づくりの具体策だ。つまり、学ぶプロセスの妙味を語るのである。ワークショップではコーディネイターを務め、山のように出された住民の意見を付せんに書き込み、ＫＪ法でまとめ、公園のプランをその場で描き上げる技術が求められた。反対する考えもあり、落としどころを考えながらの作業となる。

こうした授業は学問と言えるのだろうか。都市計画がまちづくりと呼ばれるようになり、随分表現がやわらかくなった。その感覚が授業に現れた。モノづくりの具体策、プロセスが学生に喜ばれるようだ。怖いのは授業のネタがなくなることだ。温故知新と常に社会の先端を探る姿勢を忘れてはならない。

外の空気を吸い学生に還元

鳥取は残念ながら東京、大阪と地理的に離れ研究会などに参加し辛い環境にある。鳥取大学が市内にあるもののそれほど交流はない。IT技術があるので情報収集はそれで十分、と言う人もいるが、やはり人と会い、話をする方が刺激的で生の情報が入りやすい。私も調査や鳥取県市から声がかからない限り、学外に出ることはない。

つまり学内に「じーっ」としているのである。すると閉塞感を感じる。赴任早々は、ゆっくりとした時間の流れを楽しんだがすぐに飽きた。それと、何か取り残されそうな気分になったのである。それからというものは、週末時は関西の活動日と決めた。

学生も連れていく。多いのは私の助手という位置づけで、研究会のポスター発表、口頭発表などを手伝わせる。懇親会は正に学生を売り出す格好の場で、他大学の教員、学生、院生と交流させる。はじめはどうしても会場の片隅に固まってしまうが、アタックせよと学生の尻を叩くのが私の役目である。そこでは授業以上の知識が身に付く。

またゼミ活動で、関西の造園・ランドスケープの作品の見学に引率する。やはり秀作に触れさせることにより感性を研ぎ澄ますことができる。大阪梅田の新梅田シティ、中之島公園、なんばパークスなどを回る。学生に感動したのは何？と聞くと、なんと「リーガロイヤルホテルのクリームパフェ」と返ってきた。確かにロイヤルホテルならではの洗練された盛り付けのクリームパフェは芸術モノだが、これには私も少々泡を食った。そこに「トイレの紙が違う」と、用を足してきた女子学生の発言が追い打ちをかけた。ほのぼのしい光景でもあった。

地方大学が最も辛いのは、大学数の絶対数が少ないことから、大学間で鍛える機会が少ないことである。その場合都会の大学は恵まれている。学生、教員とも、交流することにより成長するからである。リーグ戦みたいなものだ。その輪の中に入れて欲しいのが地方大学の願望である。だから、私は外に出る。

学生にはインターンシップがある。教員は積極的に学生に進めるが、むしろ教員が行くべきではないかと思う。「企業に学べ」である。経済の教員は証券会社で株を売ればよい。建築の先生は設計事務所で設計し、工務店で監督に出ればよい。使い物になるかどうか企業に審査していただき、教員評価に反映する。こうした外部のさまざまな空気を、学生に還元するのが教員本来の仕事ではないか。

追われる教授

大学教授は大学により繁忙度が異なる。一般論だが、旧帝大と地方の公立大学、私学では、ずいぶん教授の仕事量が違う。講座制をとる大学は教授・准教授・講師・助教・助手のピラミッド体制を取り、教授の仕事量は随分軽減される。抱える授業数もせいぜい2～3本で、研究に打ち込んでおればよい。

本学は学科制を取り、教授から助教までが対等で、学科の仕事・大学運営・研究・授業・出張・経費精算などの作業はそれぞれ均等に振り分けられる。また大学運営会議の声がかかり、学内・学外の委員に指名され、さらに学会、業界の役員を担う。おまけに講演会、出前授業の声がかかる。空いた時間に論文、本を書かなければ存在感が失われる。

これを一人でこなす。教授は学者、事務員、営業マン、文筆作家などを一手に引き受ける。先生とおだてあげられると、すかさず現場に飛ぶ自分の姿が滑稽に見える。

私は造園コンサルタントゆえにキャンパスプランを頼まれ、大学の予算がつくと、設計の仕事が回ってくる。大学では時間が取れないので、宿舎で夜討ち朝駆けの作業となる。でき上がった図面を大学職員、学生に誇らしげに見せ「先生、お上手」と褒めてもらうと嬉しくなり、どんな注文にもニコニコ顔で応え、睡眠時間を削っている。

これらは大学教授本来の仕事ではない。地方の小大学の使命は「教育」にある。よい学生を育て、社会に送り込むことを最優先する。教員の誠意資質が問われる。

大学教授がどの位、教育に割く時間が取れるかが大学運営の課題だ。担当する授業のコマ数は私の場合、10コマ／週である。準備する時間も同じようにかかる。まさにティーチングマシンで、空いた時間に会議、出張、クラブの指導、執筆活動が入る。

大学の拘束時間は12時間程度で、サラリーマン時代と変わりないが、最近は大学の先生の方がきついと思うようになった。それは時間割に従い、確実に授業、会議などが組まれ、時間に追われるからだ。

コンサルタントは複数の仕事を持ち、調査、設計・報告書作成、委員会、打ち合わせに飛び回るが、大学の先生ほど細切れに時間をセットされない。造園コンサルタントは息抜きに喫茶店に入ることができる。しかし教授は大学に缶詰状態ゆえにできない。食堂に行く時間も惜しく、研究室でおにぎりをほおばる。このように、教授はまさに作業マシンなのだが、別に押しつけられているとは思わない。むしろ、マッチポンプのように教育研究作業に向かう場合がある。ここに教員生態学の真髄がある。

教員とは不思議な生き物で、どんなに忙しくても学生から質問を受ければ喜び、役所から尋ねられれば、役人の喜ぶ顔を見たさに必死のパッチになって資料をつくる。しかも、涼しげな顔をして委員会に出て説明するが、その裏には恐ろしい程の時間の積み重ねがあることを誰も知らない。正にあひるの水かきである。

ここに大学教授の素顔がある。女学生から「中橋先生」と呼ばれると喜んで反応し、奉仕の作業もまた楽しいものである。

新風を吹き込み常にバランス感覚を

大学というところは一見固定した組織に見えるが、実は流動的で、新年度を迎えるたびに教職員は入れ替わる。若い先生はワンランク上の大学を目指して、名誉教授の先生方は第二の教員生活を楽しむために、実務家教員は新たな世界で経験が活かせるかと、不安を抱きながらも新たな人生を求めて、多士済々の方々が、素晴らしい業績を引っ提げて世界、全国から大学にお越しになる。ここは教育機関でありながら、高等研究機関でもある。

科学は日進月歩で常に進化する。その技が大学に新風を吹き込む。学生は無地のキャンバスのようなもので、そこに絵を描く楽しみが教授の特権であろう。でも描き方が難しい。学生は生ものであるから、すべてが教員・大学の思う通りに行かない。

学生が求める新風とはどのようなものであろうか。やはり社会のニーズに応え、これからの時代を生き抜く技が学べる、というところにあろう。地球環境の時代を迎え、本学は環境を学ぶ先進大学を目指しており、エコロジカル、資源循環などの人気が高い。やはりフィールド作業が面白い。生き物の生態や生息現場を熟知しておれば、学生は尊敬する。

網で水面をすくい、「何が入っているのかな」と、学生に尋ねるように網を広げ、これはミズスマシ、これはトンボのヤゴと説明すると、そこはビオトープの世界、学生は「先生凄い」と驚く。私の場合は少し樹木を知っているので学生に「キャンパス内の好きな木の葉っぱを持ってきなさい」と言い、葉っぱから名前を教えるようにしている。これはアラカシ、これはソメイヨシノと言うと、学生は目を輝かす。園芸高校で学んだ技が生きるが、難しい植物を選ばないようにと、内心ヒヤヒヤものである。大阪府立大学前教授の前中久行先生から伝授いただいた技でもある。

これは建築・造園の場合、学生の目の前で絵を描き、すばやく設計することと同じである。とにかく実技を見せなければ学生は驚かない。でも、それならば実務補助員を雇えばよいのではとなるが、論文や本を書き社会に発信する力が必要である。著名な芸術家が大学教授に招かれる理由はそこにある。岡本太郎は「芸術は爆発だ」と名言を残した。こうしたインパクトの強さが、大学に求められる新風ではないか。

大学教員の自由とはどのようなものであろうか。民間会社からきた私には、大学は随分自由な世界に見えた。何をするにしても自由だからである。大学の先生は、授業さえきちんとすればどこで何をやっていても構わない。遅刻、早退などはどこかに飛んで行ってしまった。結果は教育と研究成果に出ればよい。

ほとんどの先生は自分の研究に追われている。海外に飛び、調査に出かけ、論文、本を書く時間はいくらあっても足りない。すべて自分の判断である。研究費は自分で稼ぐ。文部科学省の科学研究費、県の学術研究費、企業の冠が付く財団の研究費などを狙う。

教授の仕事は述べた通り、近年では大学運営、社会貢献が求められ拘束時間が長くなる。これが教育と研究時間にズシリとのしかかる。ここで屈すれば自分の負けだ。「仕事に追われる」は言い訳に過ぎない。それは自由だからこそできるのであって、私は人間の最高の贅沢と思う。

民間企業では会社の利益が大事であり、そこでの研究者は時間に縛られながらも没頭する。研究テーマを決める自由はない。社命により行い、指示系統に基づき成果を求めて粛々と行う。あまり気にしない人もいるが、それが嫌で会社を辞めて大学教員を夢見る人も少なくない。

何を研究してもよい、というのが大学教員の特権であろう。教育内容は、高校までは文部科学省の指導下のもと、学習指導要綱に基づき全国統一した教科書のもとで行われるが、大学にはそれはない。教員が教科書なのである。ここにやり甲斐を感じる。

自分の好きな研究を学生に教え、喜んでもらえばこれほど嬉しいことはない。教員冥利に尽きる。私が思う教員の自由とはここにある。拘束されることなく、本人の意思が尊重される。でも、結果を出さなければ落ちていくだけだ。

ここで留意すべきはバランス感覚である。時間に追われると、知らぬうちに教育の時間が潰される。教材ができると、ついついそれを使い回してしまう。それよりも学生が興味深く聞いてくれるかなと、小手先のことばかりを考えてしまう。やはり研究成果を教材に反映し、授業の質を高めていかねばならない。教員は、学生がお客様であるサービス業ということを忘れてはならない。

私は空手道部の顧問を務め、道衣を着て学生に真剣勝負を挑む。すると学生は本気でかかってくる。そして私は殴られる。もう勝てないことはわかっているが、まだやれるという気持ちが自分を嬉しくする。こうした気持ちが授業の魅力アップにつながるのではないかと思い、学生に勝つ秘技をひそかに磨いているところだ。

流域ランドスケープ論の立ち上げ

少し主張させていただく。造園の世界に入り、コンサルタントとして公園設計を皮切りに、道路緑化、リサイクル、文化財、まちづくり、パークマネジメントと幅を広げて来た。これらは池原謙一郎氏（1928～2002）が論じた、都市計画における「空間・時間・人間」を対象にした総合的な空間学を言い、景観に刻まれた自然の様子、人間の利用と共生、時の流れ、コミュニティ活動と理解し、私はこれらを包括的に捉えランドスケープ論と受け止め、そこに片寄先生の流域論を学び「流域ランドスケープ」と名付け、研究室名とした。

領域別にみてみよう。「空間」はモノづくりをいう。社会資本整備における水と緑のオープンスペースの計画、設計、施工を主とし、近年では生物多様性、防災、資源循環、持続性などが求められ、都市計画では緑の基本計画が法定計画として定められている。

「時間」は成長管理計画をいう。空間の主役が植物であることから、完成を10年先に置き、小さく植えて、大きく育てることを旨とした。道路緑化、海浜緑地事業などに取り入れ、当地で種子、苗から育てることにより、強風、津波、火災などの抵抗力の強い緑地帯の形成を目指し、今日、防潮林、緩衝林、復元林を担う緑化技術として定着している。阪神・淡路大震災、東日本大震災を契機に需要の声が高まった。

近年では地域性苗木の導入が注目を浴び、他地域の植物を用いることにより遺伝子の攪乱を招き、植物生態学の視点から好ましくないと判断され、高速道路事業のように大規模開発における緑地回復事業においては現況林から種子を採取し、苗圃《びょうほ》で苗木に育て現地に戻す方法を取る。つまり郷土種による森づくりである。

「人間」はコミュニティデザインをいう、いわばコトづくりである。空間設計の前段階として、空間を使う利用者の意見を引き出し、完成後の管理運営にアドプト管理が導入できないかを検討する。戦後蓄積されたインフラの再整備の時代に入り、空間づくりに入る前の調査手法として注目されている。ワークショップがツールでもある。一方では環境教育が該当する。環境学習推進法が制定され追い風にある。地球環境問題が指摘される今日、幼児の頃より環境学習に馴染んでこそ、意義・効果があると言うものだ。

こうした三つの計画・設計は、流域で捉えると「上流部」では谷津田に代表されるよう里山、雑木林が多く資源循環、自然再生、環境教育などが求められよう。「森は海の恋人」における植林の実践場でもある。

「中流部」では主に田園、もしくは建築とのモザイク景観の地域で、生産緑地の趣が強く、そこでは田畑にコンポストを漉き込む資源循環、自然を活かしたエコロジカルデザイン、貸農園などの技術のほかに、ため池が多いことから生物多様性に基づくビオトープなどが求められよう。「下流部」では市街地が形成され、防災、レクリエーション、都市景観、そして環境保全の技術が求められる。市街地密度が高まるにつれ防災のニーズが高まり、私は「緑の柔構造都市論」を提唱した。

これら上流・中流・下流部をつなぐのが河川、水路、緑地などの水系、緑系空間で、それぞれはネットワーク状につながっており、生き物、資源の移動など、常に相乗効果が期待される。これらをマクロ的視点で取り組み計画し、ミクロ的技術で設計し精度の高い空間を実現するところに流域ランドスケープ論の狙いがある。シンクグローバリー、アクトローカリーを視座とする。

こうした考えはガーデンアイランズ構想、多極分散型の国土形成論で指摘されるところだが、今日ではここに国土強靭化が求められる。時代は人口減少、地方消滅の時代を迎え、このまま進むと８９６の市町村が消滅すると増田寛也氏は指摘する。コンパクトシティが標榜されるなか、ランドスケープ・アーバニズムの考えが浮上している。

このように論ずればランドスケープの未来は輝かしいものだが、現実的には国土交通省、ＮＥＸＣＯ、都市再生機構（ＵＲ）の大幅な事業縮小に伴い、公園整備、道路緑化、外構緑地事業が激減し、造園会社、コンサルタントは規模縮小を余儀なくされ、残った職員の高齢化が顕在化し、零細企業では求人を打っても応募者がないのが現状である。官においては公園緑地課の撤廃、係りへの格下げ、大学では環境デザイン学科の解体、閉講が相次ぎ、学生院生集めに定員割れが続く。ランドスケープコンサルタント界においては大手土木・建築系コンサルタントが進出し、プロパーの造園系コンサルタントが苦戦している。

このようにランドスケープを生業とする人々を巡る社会環境は厳しいが、低成長時代に入った今日、従前の経済・利便・機能優先の視点から、快適・ゆとり・安らぎ・安全・循環の視点に切り替え、時間をかけて、人間が人間らしく生活できる環境の創造を目指す必要があろう。そこにランドスケープ・アーバニズムの到達点がある。

こうした課題を打ち破るには、ランドスケープの利点を都市計画に組み入れ、安全で魅力ある空間を創出していくしかない。そのためには官僚は施策を充実し、学者は研究を進め情報を発信し、コンサルタントは技術研鑽に努め、政治家は政策立案・予算確保に努力しなければならない。

朱に交わらず反骨精神は旺盛に

大学教員は組織の人間だが、それは個人商店の集まりで、大学は知識を売る商店街と紹介した。それぞれの研究室の背後には、学術、行政、業界、趣味の組織（世界）がつながっている。つまり大学の研究室をピラミッドの頂点とすれば、その下に異なる組織が末広がりに並ぶ。それが教員の戦力になる。

組織の主役は学生である。学生はそのなかに入り学内外のさまざまな人達との交流が学生を刺激する。それが社会教育である。恩師片寄先生は商店街の商店を町道場に例え、商店主は師範であり、学生は道場生であると説く。そこに出入りする学生は鍛えられ、社会を実感する。つまり大学の研究室は、教育の質をあげるためのピラミッド組織と言ってよい。教員はその組織を活かしながら教育、研究、社会貢献などに打ち込む。

一方、大学には学部学科があり、大学経営、学部、学科ごとに定例会議が行われる。入試、教育、研究などについて議論され、適正・効率的な大学運営を達成するために、教職員が一体となって取り組む。

近年では大学経営について、学外の意見が必要ということで、学外委員が経営・運営にアドバイスされ、第三者評価が試みられる。大学は社会のチェックを受け、適正なマネジメントが求められる。

このように、大学教員は教職員全体の横並びの会議で大学の目的目標を共有し、教員はそれぞれが率いる組織をコントロールして学生を育てる。つまり大学は、横軸の会議と縦軸の研究室によるそれぞれのピラミッドから構成されている。それは組織的に融合し辛く、一丸になりにくい性格を持つ。

大学教員は専門領域、学歴、職歴が異なり思想が異なる。したがって、考え方を同じとする人を探す方が正直言って難しい。よく近年のまちづくりにおいて連携・協働と言われ、私も推進者の一人だが、哲学・信念を持ち、レベルの高い教員ほど下手に妥協されない。交流相手も吟味される。換言すれば魅力のない人とはつきあわない。

ここが民間企業との大きな違いである。サラリーマンは組織の動きをみて、自分の進む方向を決める。「長いものには巻かれろ」が優先され、「協調性が高い、根回しが上手い」人が評価される。このような体質があるからこそ、かつての学術・技術の勢いが失われたのではないか。

もう一つの視点として、日本人が豊かになりすぎたことが問題である。ハングリー精神が損なわれ、競争力が殺がれた。いずれも下手な妥協が原因である。だから大学教員は「朱に交わらない」方がよいのである。

大学の先生になると身分が保障され、誰にへつらうことなく自分の考えが正しいと思えば自由に発信できるのがよい。その代わり責任はすべて自分にある。確固たる信念のもとで自分の考えを社会に発信し、学術を発展させる。まさに学者の鑑である。

しかしながら研究費が必要である。特に医学・工学系は実験費用が嵩み、ついつい企業の支援を受けるようになる。そうなれば、学者の本音を隠さなければならない。それがわが国の医学、工学を発展させてきたのだから皮肉だ。

正論を強く主張すると、行政は議会で決まった事案が思い通りにいかなくなり、逆らう思想を批判し左翼「アカ（共産主義）」呼ばわりする。お役所の委員会が御用学者の集まりと批判される原点がここにある。

片寄先生は長崎総合科学大学時代に、道路整備などのさまざまな公共事業に異論を唱えられ、アカ呼ばわりされた。お名前から思想が「片寄っている」と揶揄されたそうだ。大学教員ゆえに、それが家族に及ぶ場合がある。「子どもがいじめられた」ともおっしゃられた。

私が片寄先生の指導を受けることになり、先生はこのようにおっしゃられた。「私の弟子になるのはよいが、君はアカの弟子と見られるかもしれないぞ」と。その意味がよくわからなかったが「君は役所から仕事をもらう造園コンサルタントだ、アカの弟子は仕事から外される場合がある」ことを心配されてのご発言であった。そのとき私は「先生が好きだからついていくのであって、そんなことは気にしません」と返した。よくある話だが、事実、そのようなことはなかった。

反骨精神はどのようにして育まれるのだろうか。私の場合は公平、対等、平等に加えて、先進性、斬新性、そこに義理人情が絡み、これに反する組織、思想、権力者には強く反発した。いくら組織が大きくても利益ばかりを追求する、賢人がいない群れのような組織との交流は一線を引く。

仕事や学術の世界では特になかったが、趣味の空手道の世界がそうかも知れない。兄弟子は財産だが、背後に潜む流派には論文も書かなく、試合に出たことのない知識に乏しい大先生がいらっしゃり、どうも馴染めなかった。いただいた師範免状もすぐ破り捨てた。尊敬し辛い人を先生と呼ぶ慣習は滑稽だ。

筋を通す

大学教授は自由な立場だからこそ、信念を曲げずに社会に発信していかねばならない。大学教授ゆえに社会が発信を待つ場合もある。もちろん、学術・技術に裏付けられた技があってこそ、社会にモノ申すことができるのだ。政治・信条にかられた発言は敬遠される。必ず社会の役に立つことを主張しなければならない。

私がモットーとするところは「筋を通す」ことにある。相手が誰であろうとガチンコ勝負を挑む。権力と金、知名度を盾にして、著作権を無視し、己の野望を実現しようとする輩がいる。新島八重ではないけれど「ならぬものはならぬ」の心境で新聞記事を書く。相手は航空母艦だろうが、けっしてひるまず、記事が竹やりとなり勝負を挑む。なぜ、そこまでやるのか「正論を貫く」という信念があるからだ。

造園コンサルタント時代も大先生とよく喧嘩した。とある委員会で私たちを挑発する委員の発言に思わず立ち上がり、社長から腕を掴まれたことがある。思わず忠臣蔵の殿中松の廊下を思い出した。慣れない古墳整備の設計を受注し、事前に埼玉と宮崎の古墳を調査した。それを報告しようとすると委員から「そんなことをやっても無駄や」と一蹴され、思わず切れてしまったのである。技術が未熟ゆえに事前調査をしたというのに、それを否定する横暴な態度に腹を立てたのだ。

私は後日、委員が所長を務めるK考古学研究所へ話をつけに勇んでうかがったが、喧嘩した委員先生から「よく、来たね」と笑顔で迎えられ拍子抜けした。「あのくらい言わないと学者の意見が通らないから」とおっしゃり、納得した。

既成概念にとらわれないことに徹底した。昔よく言われたことは「知らないことはやるな」であった。コンサルタントゆえに、限られた時間で質の高い設計を求められた。その場合、従前の知識の範囲での技術サービスに努めたが、それでは利益が出ても技術は向上しないと思った。

つまり同じことを繰り返しやっても熟練度は高まるが、技術屋としての新規領域は見出せない。その反動が社会人大学院への進学、パークマネジメントの研究だったかも知れない。質の高い造園コンサルタントを目指すならば儲け主義に走らず、新たな技術を見出すことにより豊かな人生が過せる、との教えがあったからである。

地球環境時代を迎え、持続性の高い社会を求めて「人と自然との共生」という言葉をよく耳にする。鳥取環境大学の理念にも「人と自然と社会との共生」が謳われているが、人と自然との共生などは、生態学的にみてありうるはずがない。あるのは「寄生」である。流行り言葉のように飛び交うが、真実は何かを見極めて情報は発信すべきである。あまりしつこく言うと大学から睨まれるが学術の筋は通すべきである。

こうした私の考え、行動は「正論は何か」に集約される。例え決まりごとであっても、悪しきものは改め、惰性に流されず「筋を通す」のがよい。

実務家教員の落とし穴

実務家教員は自己流でやればよいと言い放ったが、はっきり言って失敗の連続だった。実務の最先端の技術を象牙の塔の世界に普及してくれればよいという文科省の指針は嬉しかったが、どうしても授業は携わった仕事が中心となる。したがって、授業は知らざるうちに自慢話になる。たとえばデザインの話がそうである。「ここがよかった」と、つい長所の時間が長くなる。コンペの話でも採用されたポイントをつい喋りすぎてしまう。その時、私は自分の言葉に陶酔しわからなくなる。でも学生は白け逃げていった。

板書が大切なのはわかっていたが、字が下手なのであまり書かなかった。すると学生から文にして下さいと求められ、右往左往したことがある。それから板書の練習をしたが、未だ下手くそである。恥ずかしいことは漢字が出てこない、英語ができないのでスペルが浮かばない。ここら辺は大学教授の基礎学力のところだが、学生は早くから私の素養を見抜いていた。だからレジュメの作成は用意周到にした。

一番困ったのは大学院通年の授業を30回求められたことだ。こんな経験は初めてだった。でも、院生は胸を弾ませて研究室に来る。「造園空間経営」という授業を聞きに。大学院の授業は教員が研究論文を書き、それをほぐしながらレジュメに仕立て直し授業を組み立てるのだが、私には論文の貯金がなかった。

そこで私がとった方法は、授業の前期は体験談をレジュメにまとめた。公園設計のポイント、工事の課題、管理の失敗など思いつくことを文章化した。そこには学術的な裏付けはなかった。

もしかしたら間違ったことを教えたかも知れないが、失敗談は忠実にしゃべった。つまり体で覚えたことを思い出し、文章にしたのである。それは現場から見えてきた空間経営の実話を組み立てていたのである。授業の後期は実務家にヒアリングを仕掛け、院生自ら対象空間を探し出し、空間経営のプランを作らせたのである。つまり問題発見解決型の授業にしたのである。

ここはなんとか凌いだが、授業のストックがなかったことにはあせった。教員は、得意分野はなんとかなるものの、そうでない領域を言われるとあせる。でも、実務家だから風呂敷は広いと思われている。やりたくない授業でも「やりましょう」と快諾すればそれからが悲惨で、公務を縫って週単位でレジュメとパワーポイントを仕上げなければならず、そのうち自転車操業に陥る。

授業の質だが実務家は幅広い領域を担うものの、レジュメの点をつければ60点程度で緻密さに欠ける。ここが弱みでアカデミックな教員とのレベル差は明白である。これは学外から見ると分からない。こういうことは大学の中に入ってから初めてわかることで、赴任時、自信満々の教員でも落とし穴に入り、もがき苦しみ気が落ち込む人も少なくない。

馬脚を繕いながらも

大学教員の生活も今年で丸6年を迎えた。教育・研究・大学運営・社会貢献、おまけに学科長と、一通り仕事は経験したつもりだ。やることは多く、造園コンサルタントよりハードワークであることは間違いない。しかしながら人から使われている気持ちはなく、精神的には極めて健康である。

しかし、教育者・研究者としては見事に馬脚を表した。大学教員の真骨頂は文部科学省の科学研究費を取得することであるが3回落とされた。これは先天的に能力が劣っていることを意味する。その場合、旧帝国大学ご出身の先生方は見事である。ここでは博士、技術士、一級建築士は役に立たない。一方の鳥取県学術研究費は取得できた。つまり全国レベルでは通用しないが鳥取では通用した。

これは論文にも言えることであった。毎年、日本造園学会全国大会の発表論文に挑戦するが、学術論文として査読を通してもらったのは1本だけでここ4年連続で落とされ、そのたびに落ち込む。

しかしながら、大学の紀要論文の査読は合格し続けた。でも挑戦するのはよいが、査読結果はいつも並の下で大幅な修正を受け、査読者のお情けをもって紀要に掲載してもらっているところがある。しかも毎年のことだ。読者もうすうす「よくレベルの低い論文を出すものだ」と呆れ始めている。つまり大学の紀要は通るが、学会では通用しないのである。先に述べた研究費の取得と同じだ。

また指導力不足も露呈した。ゼミの学生は指導教員を映す鏡と言える。3年生から配属となり、2年間、私から作品・論文の指導を受けるが、学生は私の未熟な指導を受け、潜在能力を引き出すことなく卒業していった。私のデザイン力、文章力が十分ではないことが今頃になってわかった。

きわめつけは平成25年9月、都市緑化とっとりフェアが開催され、それを記念して、本学エントランスにナチュラルガーデンを造る予算を大学からあてがわれ、学生のプロジェクト研究を通して造り上げたが、出来栄えがいまひとつである。完成は3年先であるが、それにしてもエントランスの景観にふさわしくないと思い込み、除草・水遣りに汗を流しているところだ。

こうしたことから、私の大学教授の値打ちは先に指摘した通り、松竹梅に例えれば梅のランクである。これは、私としては密かに予想していたところだが、なんとか這い上がろうと日々もがいている。それは人の話に耳を傾け、本を読み、文章力を高めるしかないと思っているが、もっとも効果的なのは下目に見られることである。なぜかファイトが湧いてくる。

こうして徐々に馬脚を繕いながらも全国レベルの論文、研究費にアタックするしかないと捉えている。

7章

大学教授になれた理由《わけ》

野生の視点を持った

大学の世界は純粋培養されたアカデミックな人々の組織で、そこに普通の人は入れないと思い込んでいた。でも社会人大学院に行けば外交官、キャリア官僚、シンクタンク出身の先生がいらっしゃり、必ずしもそうではないことを知った。経歴はアカデミックな教授と引けはとらない。しかしながら、それでも大学は停滞し少子化を迎え、活気を失っていったのである。

社会人大学院生となり、ゼミの授業で片寄先生はこうおっしゃった。低迷する大学経営立て直しの戦略として「大学は野生でよみがえる」と。これは吉村元男先生の名著「都市は野生でよみがえる」をもじったものである。

しばらくしてから私が鳥取環境大学の教員公募に通ると、片寄先生は再び「大学は野生でよみがえる」と口にされ、私に期待された。そう言われて鳥取に来た。野生の意味がわからなかったが5年間の教育生活を振り返り、そうではないかと思うことを紹介する。

一つは「当たって砕けろ」である。モノづくりの授業ゆえに経験談を初めに述べ、後付で文献をつけて解説した。現場の臨場感を持たせ、設計のスケールアウト、材料のミスマッチなどの問題解決法を説いた。

二つは「雑種の強み」であろうか。高校で造園、大学で建築、大学院で総合政策を学び、造園、建築、土木、緑化の計画、設計、現場監理、委員会の運営、そして営業を担い多くの人と交流した。専門みたいなものはない、いわば雑食性であったのが功を奏した。

三つは「他力本願」である。できないことは外部から適材適所の人材を呼び、プロの技を見せ

写真６　緑化フェアとっとり大会、本学の出展庭園「森のお引越し」

たことだ。緑化フェアに本学庭園を出展することとなり、私は施工技術のことはあまり知らない。でも、学生はできると信じている。ここが辛いところだ。とった作戦は高校の後輩で、田中造園土木㈱社長の田中明男君に相談すると「先輩行きまっせ！」と、学生の現場指導に駆けつけてくれた。現場では学生が組んだ石を素早く直し、植え付けた樹木を手直ししてくれた。そこに食い入る学生の視線が鋭かった。

　同じようなことは本学ナチュラルガーデンの施工時にも言えた。こちらも経験がなかったので、ガーデンデザイナーの柳原寿夫さんをお呼びした。魔法のようなスケッチを描かれる。学生の前で庭のスケッチを描いてもらうと、学生の目が釘づけになった。このように、机上で学べないことを授業で組み立てていったのである。

　四つは「本音で語る」ことである。鳥取県、鳥取市から委員の声がかかる。プロジェクトの意見を聞かれるのだが、私はいつも異を唱える。役所の方で充分詰めた資料が上がってくるのだが本質論を捉えておらず、私は気に入らないのである。委員会では黙っておればよいのだが、コンサルタントの本能がくすぐるのか正論を目指すあまりに、他の委員から「しゃべりすぎ」と小言を言われたこともある。

こんなことがあった。平成25年度の全国植樹祭とっとりに天皇陛下がお越しになり歌を詠まれ、その御製碑を建てるお庭を、大山町の花回廊に作庭するコンペにおいて入選案を充実するために、鳥取県担当者と請負業者を、先に紹介した京都嵯峨野嵐山に立地する、小倉百人一首事業の歌碑建立地の野外文芸苑に引率し指導した。やり過ぎではなかったかと振り返るが、業者さんが頑張られ、でき栄えのよい御製碑を造っていただいた。

このような積み重ねのなかに、過年度（留年）生が私の研究室に集まるようになった。どうも、学生の再生工場の役目を担っていたようだが退学者を出し、親御さんに申し訳ないと思っている。

書いた

私のレクリエーションは、ところ構わずペンを走らせることである。書くことにより知識が頭に入る。いきなりパソコンには向かわない。スケッチブックで下書きをしてから臨む。わからないことは本で確認する。難解な論文は段落ごとに短文化し解剖すればよい。

書くことの秘訣は「上手になりたい」の一心であり、私の場合は下手の横好きであった。書いたら誰かに読んでもらいたくなるのが心情である。上手か下手かと言われても、なかなか本音を言ってくれない。だから論文に挑むのである。こうして書き上げた文章を論文、提言、報告、コラムなどにして学会、新聞社、出版社に投稿するのだ。それは、文章のプロにみてもらいたいという願望があるからだ。本書がそうである。

不思議なことにこの方法は教材作成、アイディアの検討、スケジュール計画などにも通じる。つまり、読むことよりも、まず書くことを優先する。片寄先生は若き頃、指導教授から「絵は500枚描いたら上手くなる」と言われたそうだ。先生はそれを実践されプロの腕前になられた。「歌も習字も同じだよ」とおっしゃる。図面は1000枚描いたら少しは造園の設計がわかると、会社の上司に言われた。腕を上げるには場数を踏めと言うことだ。五十路に入ってから勢いがついた。友人は電子手帳、携帯パソコン、スマートフォン、タブレットに走るのだが、私はスケッチブックにこだわる。デザインの検討にも役立つ。するとインクやマーカーの臭いが染み付き、その臭いがたまらない。時折、セピア色に色づいたスケッチブックをめくり、温故知新の技を探す。

還暦の人生を振り返ると書く内容が年代による異なる。少年期は基礎学力を身につける「学習」である。青年期は大学受験と就職試験のためのささやかな「受験勉強」である。社会に出ると仕事をうまくやるための技術を磨く「研究」である。実年期には、それが社会に対しての「提案・主張」となる。そして熟年期に入ると、これまでの経験を活かして新たな人生を拓く「挑戦」になると私は理解している。

書くことにより学んだことは起承転結の癖がつき、条件が整理され、物事を論理的に説明できるようになることだ。その時に注意しなければならないことは淡々と書くことである。しかし、これが難しい。私の場合はどうしても主観論・感情論に走るからだ。でもオブラートで包む表現では文意が通らないと思う。したがって時と場所をわきまえて書くようにしているが、これが難しい。

動いた

大学教授のチャンスは待っていても来ない。ただし、わが国には約1200の大学、短大、高等専門学校があり、およそ20万人前後の教員がいて、毎年1万人に近い教員の採用、異動、退職の人事が動いているのは確かだ。しかし現実はベールに包まれている。大学教授の採用は水面下で行われていると言ってもよい。

あれこれと思いを巡らすよりも正業に励み、仕事の成果を社会に発信し存在感を高めることだ。業界活動、学会活動、コミュニティ活動などを通じて、時代の先端を行く学術・技術を発信し、動くことが大切だ。

私の場合は懇親会が活動の場であった。ビール瓶を片手に会場を駆け回るのである。まずはお越しになっている来賓のなかで一番偉い人からアタックする。面識はなくとも「コンニチワ」と威勢よく挨拶すれば、皆さん笑顔で受けていただいた。男芸者といわれたが厚顔無恥でいけばよい。

ジャパンフローラ2000（淡路花博）の打ち上げパーティで、兵庫県前知事の貝原俊民さんがいらっしゃり、帰り間際に腕時計を見ておられる隙を狙って会社の同僚と駆け寄り、「兵庫県の庭の設計者です」と名乗ると、破顔一笑で握手を求められ、記念写真までご一緒した。このような調子で人の輪を広めていったのである。（残念ながら貝原さんは平成26年11月、交通事故で急逝された。合掌）

アフターファイブの過ごし方も大切だ。研修会には足繁く通った。仕事が忙しくなると会社を定時に出辛くなる。まして上司が残業されているのに、それを無視して会社を出るのはためらわれた。しかし私は目標を定めると臆することなく定時通りに退社した。割り切ったのである。夜間大学、夜間大学院に通うものの、学んだことを仕事に活かし、会社に仕事をもたらしたことでことなきことを得た。計算すると８０００万円くらいの受注につながった。

このように常に動き、やるべきことをやり尽くした頃に運よく、大学教員公募の朗報をいただいた。人生のチャンスと見れば、積極的に打って出ることだ。ためらうようであれば負けである。勝つことのみを考える。その場合、誰にも気づかれぬよう深く静かに潜行することが肝要である。

挑んだ

性分なのか、とにかく何事にも挑むことが好きだった。しかもそれほど能力が高くないのだから不思議な行動である。「これはいるな、やらなければ」という単純な理由からの挑戦であった。ただし資格取得、試合の勝利と、目標が達成してもあまり喜びを感じなかった。

それよりも、そこに到達するプロセスに妙味を感じた。そして、投入する時間はプライベートすべての時間を費やしていた。それが私にとって最高のレクリエーションであることは、既に述べた。

何事も「計画的に行う」のが肝要である。試験でも試合でも、当日までのスケジュールを人の3倍程の時間をかけるように作成する。そしてトレーニングに打ち込む。別に難しいことをするのではない。何事も上手な人の真似しかない。繰り返すことにより、技が研ぎ澄まされると思うようになる。

「好きになること」もポイントではないか。学力不足で園芸高校に進み造園を学び、大学空手道部の脱走兵ではあったが、人生を振り返れば今日でも追い続けるのは本当に好きなのであろう。自宅の庭を設計し、一時ガーデニングにはまり100のコンテナ（鉢）がテラスを飾った。空手道の稽古ができる木製デッキも作り、娘と稽古を楽しんだ。このようになれば会社、学校、家庭の時間を区別することなく仕事、趣味に打ち込めた。これが目標達成のポイントではないか。

「憧れを持つこと」が自分を奮い立てる理由でもある。「あのようになりたい」と目標となる「憧れの人」を定め、その人の技を分析し真似をするとよい。造園の場合はデザイン力、文章力、プレゼンテーション力の上手な人を定め真似をするのである。

空手道では強くなりたかった。得意技に挑み「刻み裏拳」という鬼手仏心《きしゅぶっしん》の技をあみ出した。サウスポー構えに変え、遠い間合いから手首のスナップを効かして飛び込み、対戦者の顔面に裏拳を叩き込むのだ。並の選手であったが、幸運にもこれで国体に行けた。

気が付けば周りを見ると賢人と強者ぞろいで、自分のキャリアと比べると恥ずかしくなる時がある。でも、気にしても仕方がないことだから自然体で交流し、皆さんの知見と技を吸収するようにしている。

「挑む」ことが研究、教育、趣味のモチベーションを高めてくれる。この気持ちが萎えた時が身を引くときである。

世話役が活きた

40歳を超えた頃、造園業界の世話役の声がかかり始めた。当時の社長が「社会貢献をする歳になったということや、頼まれたことはやったら」と言われ引き受けた。

ランドスケープコンサルタンツ協会では技術委員長を賜った。コンサルタントのライセンスである技術士セミナーを催した。日本造園学会では幹事、学術委員を務めた。最も比重が高まったのは、繰り返すが道路緑化保全協会の幹事である。産・官・学の連携を楽しんだ。

こうして会合、研修会が増え、綱渡りをするような生活が始まったが、勘違いをしたらいけないことは、このような活動は生産活動ではないことだ。これらをこなしつつ会社の仕事をこなしてこそ、技術者としての存在価値が高まる。

畑違いだが空手道の経験が活きた。それは業界に大学空手道部OBの方がいらっしゃったからだ。しかもキャリア官僚だ。上京時に用事がなくても役所に立ち寄ると、空手道談義に花が咲いた。

きわめつけは、国営公園予定地のイベントで、空手道の演武を頼まれたことだ。忘れもしない平成18年3月、場所は当時、整備が進められていた国営明石海峡公園神戸地区で行われた「あいな里山祭り」であった。

私は地域の子どもたちとの合同演武祭をプロデュースした。メインイベントは宗重浩美先輩による瓦の掌底割りで20枚近くの瓦を粉砕され、観衆の度肝を抜いた（写真8）。私は拳友横田博さんと、がちんこ組み手を披露（写真9）。

このように私は造園・空手道関係の方々と公私を忘れて親しく交流させていただいた。そこで育まれたネットワークは貴重だった。

「産」の方々には設計の不備を優しく指摘していただき、コンサルタントとしてのエリを正す機会を得た。

「官」の方々には事業を進めるには行政が仕組みをつくり、予算を確保するところに莫大なエネルギーを消費し、コンサルタントはそのお陰で仕事ができたことを知らされた。「学」の先生方には委員会運営のご指導に止まらず、博士論文執筆のアドバイスまでもいただき恐縮した。

そのようなボランティア活動にエネルギーを注ぐことにより、肝心のコンサルタントとしての生産能力が低下したのも事実だ。やはり、実務をやらなければ生産効率が低下し、会社に迷惑をかけたのである。その後業界役員を減らすように努めた。

だがそのおかげで、多分野に渡り人的ネットワークが育まれ、私の唯一の財産となり、これが活きた。お世話になった業界の皆様方の後押しがあったからこそ、大学教授になれたのだと確信している。

写真８　宗重先輩の見事な手刀割り

写真９　私の上段突きと横田さんの中段突きが交差

出稽古に出た

腕を磨くには外の世界を知ることがよかった。会社も道場もしばらくは技術向上に役立つが、あるレベルに達すると物足りなくなるからだ。仕事で打ち合わせに出始めると、己のレベルの低さに嫌気がさした。資格に挑み、学校に行き、論文を書いたのはその反動である。

しかし、自分を磨き偉くなってやるという気持ちはなかった。そうすることにより仕事ができるようになると思い込んでいたからだ。それと、結果よりもプロセスが楽しかった。新しい事例を紹介され、方法論を教えていただくことに感謝した。知識・知恵を授けてくれる人は、私にとってはすべての人が先生だった。一度知り合いになったら終生の友と思い、仕事が切れても交流を続けた。しつこい奴と思われたかも知れないが、論文を書いたら送り意見を求めたのである。学閥、門前払いなどはなかった。

このような活動が勘違いされたこともある。売名行為、身分をわきまえない奴と、とがめられたこともあるが、言われるまでわからなかった。私の厚顔無恥がもたらしたもので不徳の致すところである。

ここには多分「人間大好き」という性格から、馬が合うと勝手に思い込み、ずるずると人の心に入っていく。そこには「嫌われている」という選択肢はなかった。正直、鈍感なところがあり、厚かましい奴と思われる所以でもある。

それでも改めなかった。年齢を重ねるごとに加速していった。造園・ランドスケープの技術は学校で学ぶことと、知り合った皆様方から口伝で教えてもらったことが大きい。それが学問、技術の扉を開いてくれて、私がのめり込んで行くきっかけとなった。

成果は特に求めなかった。次から次へとやることが出てきて、余韻に浸っている暇はなかった。論文、記事は並行して書き、締め切りの一週間前に仕上げるようにした。すると内容・質はともかく、もう一本原稿が書ける。こうして時間との戦いを楽しむ。

空手道も同じだった。稽古相手を求めて大阪教育大学、大阪産業大学、東京の道場を回った。大学では「へんなおっさんが来よった」みたいなもので、本気で相手をしてくれた。東京の道場周りは、全国大会でぶつかりそうな道場を物色した。

出張時は道衣持参で夜は道場に足繁く通った。飛んで火に入る夏の虫とはこのことで、真剣勝負を挑まれた。激しくどつきあったが稽古が終わると屋台に直行、割れた唇にビールがしみた。なんと美味いことか、その後試合でやっぱり対戦した、その時は闘犬の如く、戦いを挑むのが礼儀だ。

こうして26歳から33歳まで試合に出た。川西大会・阪神大会・兵庫県大会・連合会全国大会・国体などに参戦し、100戦ほど戦った。大会は人生の通過点に過ぎなかったが、拳友に恵まれたのが良かった。こちらも仕事、研究と同じでプロセスを楽しんだ。現役引退後は仕事、研究に全力投球、空手道界とは縁を切ったが息抜きの稽古は今も続けている。

守《しゅ》・破《は》・離《り》を貫いた

趣味で空手道をかじり34年になるが、正味稽古をしたのは10年位だろうか、その他の修行期間は「心（気合）」は伴うが、「技・体」を忘れた修行であった。しかし「守・破・離」の教えを貫いた。武道における修行の過程を表す用語だが、これはあらゆる習い事、ビジネス、研究などにも通じるところがあり、大学教授になるにはこの教えが参考になる。

「守」は師範の教えを守り、基礎を身に付けることを言う。教えとは師範の技を盗むことを言い、誰も手取り足取りで教えてくれない。入門後の10年間をさす。

「破」は教えを受けて、それを基にして新たな領域を想像し、自ら作り出す創造力を言い、対外試合に挑み勝つことを目指す。空手道は格闘技ゆえに経験してこそ人に教えられるのである。10年から20年目の最も力が発揮できる期間をさす。

「離」とは教えていただいた源流から離れ、まったく新しい新領域を拓き発展させ、さらに進化させて新天地を創出することを言い20年目以降をさす。

このようにざっと30年の修行を経て、ようやく武道家の末席に名を連ねることができる。この

教えは仕事・学業面でも言えることだが現実はどうだろうか。あえて難関試験を突破しても矛盾が多いのではないか、

職業面での「守」の状況を見てみよう。例えば司法試験、公務員の上級職試験、医師国家試験などは学校さえ出ていれば受験でき、合格者はエリート官僚、医者としてやっていける。何事も入門10年以内に資格や特権を与えると現場経験の乏しさから医療事故などが起きる。

やはり既存の考えや慣例に捉われず、新天地を開いたキャリア10年以上の人格豊富なマイスターと認められる人に対してのみ、難関資格や特権を与えるべきではないだろうか。技術士補から実務を積み、技術士に挑戦できるシステムが参考になる。

「破」の意味には創造力が求められる。これこそ日本の技術のお家芸の分野であるが特許出願率の低さや、学術誌『ネイチャー』への掲載が少ないのが現状だ。ここに求められるのは思考力・想像力・創造力、すなわち考え、つくり出す力である。勇気と熱意を持って問題に取り組み、感性豊かなアイディアで問題の突破力や改善策を講じる力を養うことにある。

「離」は指導者のことをいう。技の蓄積から生まれるゆとりの気持ちが懐の深い人間を創りだし、弟子、後継者を育てることを使命とする。深い知見はもとより慈悲・博愛の心を持つ人格が期待され、それは話す言葉や、キャリアなどの上っ面のところではなく、体全体からほとばしるオーラみたいなものと私は捉え、大学教授に求められるところである。

運命よどけ、そこは俺が通る

人間には生まれ持った運命というものが存在するかもしれないが、私は園芸高校卒業の研修時にお招きした講師が最後に語られた、「運命よどけ、そこは俺が通る」という言葉が今も脳裏に焼き付く。人生の岐路に立った場合、躊躇なくプラス思考で考えれば運命も変わるというお話しであった。

高学歴社会となり大学進学率が50%を超えるものの、最近では大学を卒業しても理想の職につけない時代がやってきた。大学の存在価値が問われている。このような時にこそ、人にはできないキャリアを身に付け運命を変えなければならない。

最も大切なことは人様に喜んでもらうことである。「よく、やったね」「ありがとう」の言葉をクライアントからいただくためにやってきたところがある。そこに会社の経営的な視点からみれば、私が手懸けた仕事はすべて赤字だったが不思議と生き残れた。その秘訣は繰り返すが、クライアントと友達になり次の仕事がいただけたからだ。

強くなりたいのであればガンガンと稽古を積み、試合に出ることだ。試合のレベルが上がるに連れ、名選手と拳を交えたのがよかった。何事も上の人と付き合うべきだ。かと言って弱者への思いやりを忘れてはいけない。

大切なことは思い上がらぬことだ。試合で勝ったとしても取られたポイントを分析する。論文の査読が通ってもほころびを探し訂正する。「お湯はすぐに冷めるが、沸かすのに時間がかかる」。2012年度空手道女子形、世界チャンピオン宇佐美里香選手を育てた井上慶身宗家のお言葉だ。

仕事・研究・空手道も同じである。要は気持ちの持ちようで前に出ることである。前進、前進、前進。すると運命はどうにでもなる。大学教員を目指すならばプラス思考を持って生きることだ。その気持ちが新たな運命を開いてくれる。

わが国は学歴が幅を利かし今後とも主流は変わらないだろうが、「隣人に奉仕の心」（関西学院のポリシー Mastery for Service の目的）をもって人脈を広げ、研究業績を上げた者には不思議なことに、大学教員の扉が開くシステムになっている。その扉をこじあけるのはあなたの運命を変える力にかかっている。

おわりに

鳥取環境大学に赴任して6年経った。はじめは自宅が恋しく足繁く帰ったが、今は帰ると大学のことが気になり、日程を切り上げて早く帰学するようになった。実家で天気予報を見ていてもすぐ鳥取に目をやる。どうも魂が鳥取に移りつつあるようだ。それにしても、よくぞ私を鳥取環境大学の教授に採用していただき、改めて大学にお礼申し上げます。

さて、この本の活用法だが、まず高卒、大学中退の方で向学心に燃える方に勧めたい。やむを得ない理由で大学に行けなかったと嘆く前に、夜間大学への進学を試みられたらどうか。新しい知識と友と会える世界でもあるからだ。学ぶ学問のレベルは昼間部と遜色ない。奨学金制度も充実している。

次に社会人大学院への進学を考えている人にお勧めしたい。門戸は広く開かれている。ささやかな文章力が備わっていればよい。自分が手懸けた仕事、研究を体系的にまとめるのに修士課程は最適である。学窓には多士済々の方が集まり、議論が弾む。そこでは普段、見えない世界が見えてくる。院生の専門領域が異なるので議論の話題も豊富だ。社会の潮流を知り、世論の知識を得るにはもってこいの場所だ。

博士課程に進む人は研究職を目指すが、院生での博士論文の取得率は2割程度だろうか、残りが満期退学となる。その場合の学位取得にかかる年月は、長い人で20年かかる人もいる。書けなくて諦める人も少なくない。でも、書き上げたら予期せぬ未来が待っている。

成功の秘訣は「気」である。それは自分にスイッチを入れ、常に戦闘モードになることだ。

これからの大学教授には何が求められるのだろうか。国際化、高度情報化、クロスボーダー化などに代表されるよう社会は多様化しており、大学教授転職のチャンスは広がっている。それに応えるように、大学教員にも評価制度が導入され研究、教育、大学運営、社会貢献などが評価されるようになった。任期制度も導入され、競争原理の強化は望むところで信賞必罰は当然だ。這い上がる楽しさがここにある。大切なのは「心」の持ちようだ。

本書を書き始め10年になる。水曜社に投稿し、採用の可能性ありと言われながらも自己顕示欲が強過ぎて一時ボツとなったが、リライトし鳥取文学賞の最終候補に残ると、敗者復活となり出版に漕ぎつけた。仙道弘生社長のご厚情と、お世話になった福島由美子様、並びに快く推薦の帯文をお寄せいただいた進士五十八先生、表紙のイラストを描いてくれた、かつての職場の友の桃田武様に心よりお礼申し上げます。

「文の林に夫々しくも、生まれあいたることの嬉しさ」この歌は、私の祖々母鍋島ツタが私の誕生を祝い、命名したばかりの文夫の名前を織り込み、詠んでくれた和歌である。私は「下手の横好き」を地でいくように、文の林を駆け抜けてきた。その結果が今日の大学教授かも知れない。

終りに母田鶴子、妻の嘉美、娘の礼、葉に「ありがとう」の心を伝え、早世した父博に本書を捧げたい。

最後に私の師匠を紹介する。造園の師匠は私が今も籍を置く造園コンサルタント会社で現在顧問の井上芳治さんである。南九州大学中退直後、私を採用して下さった方だ。入社後はイラストマーカーの使い方からデザインまで一通りのご指導をいただいたが、どうも途中で私の能力を見限られたのか、何もおっしゃらなくなった。それが最高の指導法であった。当時から親しみをこめて井上さんとお呼びしていたので、本書でもそのようにさせていただいた。造園家として、私の育ての親でもある。

学問の師匠は片寄俊秀先生である。片寄先生との出会いは、奇遇にも大分工業大学時代の恩師、故大久保浩孝先生の命日にパソコンを買い、初めてのインターネットで関西学院大学の社会人大学院のページを閲覧すると、そこに片寄先生がいらっしゃったのである。「学問の仕上げを片寄さんに見てもらえ」という大久保先生の天の声が聞こえて来た。先生の熱血な御指導のお陰で、なんとか博士をいただいた。大久保先生の墓前によい報告ができたと思っている。

御二方の共通するところは人間の器の大きさであろう。何事も自由にやらせていただきながらも、節目の指導支援は最適で、人間的な温かみを持たれることだ。それは弟子を信じることで、いつも私のやる気を掻きたてた。

人の心を引きつける自然体こそ、人間の最高の魅力であることをご教示賜った。同時にそのふれあいが、私にとって最高の癒しのひとときだったのである。これが永久に越えられない、師匠の永遠の技なのである。

さて、このように人生の舵が大きくきれたきっかけは、本書ではT・Mさんと書いたが、その方は橘俊光さんであったことを紹介しておく。辰年生まれの同学年で、私はいつも橘さんを追いかけていた。兵庫県の公園行政を取りまとめた方で、同志社大学の大学院で書かれた修士論文が造園学会誌に掲載されたのが刺激になった。本書も一度書き上げたが、自信がないので見ていただいたところ、ツボを押さえていただいた。改めてお礼申し上げます。

そして、今も籍を置く造園コンサルタント会社の存在無しでは今日の私はありえない。造園コンサルタントの師匠である井上芳治元代表取締役率いる「環境設計」で私は鍛えていただいた。当時の「環境設計」を一言で表わすならば野武士集団とでも言おうか、能力の限界を越えて、自由奔放に天下国家の仕事をさせていただいたことに誇りを持ち感謝している。「環境設計」という道場があったからこそ、今日の私があるのであり、ここに私が大学教授になれた真の理由《わけ》があったのである。

研究室から新春の中国山脈を眺めつつ　平成27年1月

中橋　文夫（拳文《けんぶん》）
公立鳥取環境大学　環境学部 環境学科　教授

1952 年佐賀県生まれ。環境設計に勤めながら、関西学院大学大学院総合政策研究科博士課程修了（昼夜開講）。56 歳で鳥取環境大学教員公募に応募し採用、現在に至る。専門は造園論、空手道論。

山・里・町に広がる緑とオープンスペースのマネジメント、造園の知的財産権などに興味を持つ。鳥取大火・地震から復興した都市防災計画として緑の柔構造都市論を提唱。

傍ら空手道研究機構拳文塾を主宰。島根国体、全国空手道選手権大会に参戦。鳥取環境大学空手道部の顧問を務める。「戦うランドスケープアーキテクト」を公言。座右の銘「筋を通せ」。

読者の皆様へ

ご多忙のなか、お読みいただきましてありがとうございます。
ご意見、ご感想をいただけたら嬉しいです。どうぞ、メールをお寄せ下さい。
Mail:nak-fumi@kankyo-u.ac.jp

わらじで舞踏会
私がビジネスマンから
大学教授に転身できた理由《わけ》

二〇一五年三月七日　初版第一刷

著者　中橋 文夫
発行者　仙道 弘生
発行所　株式会社 水曜社
〒160-0022
東京都新宿区新宿一-一四-一二
電話 〇三-三三五一-八七六八
ファックス 〇三-五三六二-七二七九
www.bookdom.net/suiyosha/

制作　株式会社 青丹社
装丁　柴田淳デザイン室
印刷所　図書印刷株式会社

Printed in Japan, 2015　ISBN978-4-88065-352-5 C0037